掌握會考作文

六級分寫作祕訣

模擬會考作文題型快速攻略

高詩佳 著

推薦序
作文，應考致勝的關鍵

「沉默是最大的哀傷和無奈！」、「手不能提筆是情意的癱瘓，而其人也與廢物毫無二致了！」啟蒙文教學會張力中總幹事如是說。

每次想起前述言語，再對看學生的文章，只有哀矜悲憫。所以，我深深期盼有人能協助孩子，彷佛郭璞授予江淹五色筆一樣，點化莘莘學子，讓他們以佳句妙辭來抒懷寫情，使人間更為美好。

很高興天出奇人，教導兒童讀經與寫作的高詩佳老師有緣擔當大任，她致力創意教學，活化寫作課程，讓學生擺脫「上作文課、寫作文」無趣的苦惱，甚至不想下課。而基於「己立立人，己達達人」的聖賢教誨，高老師與人為善，整理實務經驗，無私地與所有人分享，這種育持眾生的功德實在無量，值得肯定。

本人身為高中校長，深刻了解國中基測、升大學學測的勝敗關鍵在「作文」，若是要掌握勝利，文筆一定要好！

而寫作成功三要訣是：器度、見識、技巧。「器度」、「見識」的培養，要從哲思、生活、閱讀中來，那是薰染之功，日積月累。而「技巧」，則可以靠名師指點獲得。其實，說破了，也不難。如今，高老師指點的寫作技巧就在眼前，歡迎大家來品嚐，若是領略了箇中好滋味，也請「食好湊相報」，讓更多人受益！

國立台南第一高級中學　前校長

張添唐

推薦序

寫出精彩的人生

我有點喜歡寫。大學時候投過稿；追女朋友的時候，寫了不少情書；研究所的時候，寫過些小論文，翻譯過些文章；退伍以後上班，要寫的東西就多了，要寫會議紀錄、要寫報告、要上簽呈、要回e-mail、要寫企劃書，更要寫power point。「寫作」這件事對我來說一向很自然，也不知道「寫作」這件事有點重要。直到我當上主管，才漸漸發現那些寫不好的人，就是想不清楚的人；而寫的好的人，就是思慮清晰、邏輯清楚的人。漸漸的，我就透過同仁的文字能力，來了解他們的知識能力與思考能力了。在這個講究溝通的時代裡面，想的清楚、講的清楚是重要的。

女兒考高中時，怕作文考不好，要我教她寫作文，才發現我會寫並不表示我能夠教她寫。就想去書店找些教作文的書，也用了一些，都不算理想。只好自己發明些小辦法教她寫作，現在她也算還蠻愛寫的！只是心中常在想，那些教寫作的好書在哪呢？

現在，我是 ETS（美國教育測驗服務社）台灣區代表，代理托福測驗與多益測驗，這兩種考試都要考作文，而國人的寫作分數都不算理想，有些老師告訴我，台灣學生都認為寫作是一種天生的才能，是不能教的。可是，ETS 不但認為能教，還推出了專門訓練英文寫作的線上軟體，叫「Criterion」，使用過的學生，英文寫作都有相當的進步。

前一陣子，看到高詩佳老師所寫的《會考作文拿高分，看這本就對了！》，就覺得是我心中想找的那本作文書，而這本《會考作文應考前總複習》更是理想，這本教作文的書條理分明、論理清晰易懂、範文又淺顯有趣，如果當時我用這本書教，我女兒高中聯考的志願可能還可以前進幾個吧！

這是一本好書，我誠摯的推薦老師們、同學們與父母們好好使用，心中更希望高詩佳老師的中文線上寫作軟體能盡快開始研發，未來才能造福更多希望寫出精采人生的小孩。

美國教育測驗服務社（ETS）臺灣區代表忠欣股份有限公司總經理

王星威

自序
創意就是……舊＋舊＝新！

／高詩佳

法國哲學家西蒙波娃（Simone de Beauvoir）曾說：「人不是生下來就是天才，而是變成天才。」歷史上的天才只是少數，多數人其實都需要後天的努力，進而「培養」出才華，意思是：天才是可以被「訓練」的，寫作也是如此。然而我們該如何訓練出寫作的創意呢？

有一位潛水員，打算潛入海底打撈魚類，他在海中優游尋覓了一陣，終於帶著幾條新鮮的魚，浮出水面。上了岸，潛水員就將捕捉到的魚，當場料理。過程中，他運用了許多料理的手法和刀工技巧。

首先是以逆向的方式，去除魚鱗，用刀劃開腹部，挖除內臟，然後用剪刀剪開魚鰓，再用手指抓住魚頭，以斜刀切開，又將魚的背部下刀劃開，順著魚骨頭慢慢的劃至魚尾，完整切下魚肉，最後將骨頭取出，再添加其他材料，就成了一道香味四溢的料理，令饕客食指大動。

獲得創意的過程就像在潛水，海底是我們的潛意識，我們優游在大腦中進行思考活動，蒐集所有需要的資訊，當這些資訊收集完成，就會浮出潛意識的水面，成為電光火石的「靈感」。接著，我們循著靈感，將這些材料剪裁、組合、變形，或化為圖像、影像，或是創造性的模仿、想像，就成為嶄新的「創意」。

因此我們可以發現，創意就如同料理一道菜，只要將一些現成的「舊」材料，以不同的技巧結合起來，就會變成「新」的事物，吸引大眾的目光，這就是本書的立論基礎：舊＋舊＝新！

舉例來說，記敘文、抒情文、議論文是「舊」的、為人所知的文體，但如果將記敘、抒情、議論三者結合，或是記敘＋抒情、抒情＋議論、記敘＋議論等，進行各種排列組合後，文章就會擁有千變萬化的「新」面貌，這就是「舊＋舊＝新」的藝術！

又如應用文普遍被用來寫正式的文書，但如果結合想像力，就可以寫出創意的書信，可以寫信給古人或給未來的世界；若是結合新聞＋角色扮演，就可以化身為古代記者，寫一篇報導古代戰爭的新聞稿。「舊＋舊」不但等於「新」，更等於數學的「8」，它能變化出無限大、無限多的創意！

我們還可以發現，在進行創意的過程中，除了收集資訊（捕魚），還要能處理資訊（料理），如果缺乏處理的技巧，一條新鮮的魚，就可能成為一團混亂，缺乏吸引人的口感與美感；同樣的，如果寫作缺乏技巧，文章的創意內容也就無從產生。

作文，正是訓練各種創意技巧，最有效的方法！同學只要透過本書所提供各種形式的寫作訓練，就能鍛鍊出創意的思考力，運用在會考寫作測驗，就可成功的擺脫一般通俗的寫法，而將自己的創意灌注在文章，成為最搶眼的「六級分」贏家！

本書對作文有全新的視野，新穎的詮釋加上多種首創的秘訣設計，讓作文變得非常簡單，同時又充滿創意，每篇範文皆逗引著種種閱讀趣味。只要透過各章的技巧傳授，從現在開始，努力培養天賦、鍛鍊寫作，你，就是那位獨特而耀眼的創意高手！

CONTENTS 目錄

參 愛說故事的記敘文

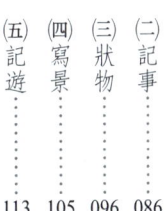

肆 情感洋溢的抒情文

壹

會考作文創意訓練

- 一、情境寫作
- 二、看圖寫作
- 三、伸縮接續
- 四、組合作文
- 五、詩文賞析
- 小結

換上運動服，他提了一壺水，帶著MP3，輕快的走向田徑場。

傍晚的操場，冷冷清清的，旁邊的籃球場還開著燈，透來微微的燈光，幸好今晚的月亮相當明亮，他可以清楚的看見地上的影子，彷彿作伴一樣。他抬頭望著天，層層的雲朵隱沒在極度深藍的夜空。

在夜間的操場慢跑，是一種新鮮的體驗。他的拇指按著按著，最後挑中了Rihanna的「Umbrella」，和著嘻哈音樂的節拍，在腳步的起落中，開始和自己對話。他感到微風拂過臉龐，隨風揚起的髮絲輕輕糾結在一起。在夜裡的操場跑步，真的是一種解放！

記得有部電影裡的廣告文案這麼說：「No Game, Just Running!」不要規則，只要運動！沒有壓力，只有在這裡能夠自由自在，隨心所欲。

每天傍晚，操場總有許多人在慢跑，有的人戴著MP3，聽著動聽的音樂，渾然忘我，也忘了跑步的辛苦。這些我們習以為常的景象，其實正蘊藏了奇妙的創意。

當新力（SONY）推出第一台隨身聽後，體積越來越小，後來就有人幫它添加新的功能，有收音機、錄音機、隨身碟，成為MP3，再加上影像播放就是MP4。從內部到外觀，這台小機器的製造包含了組合、變形、更新、圖像、影像、模仿、想像等創意元素，發明者的頭腦真讓人佩服！

但你可能不知道，只要勤於寫作，就能訓練出有如發明家一般充滿創意的頭腦，例如從組合作文熟悉連結與聯想、從伸縮續寫學會拓展思路、從改寫文章學習將事物更新、從看圖作文思考圖像與影像的內涵、從仿寫文章學習模仿、從情境作文訓練想像力。

寫作是訓練創意的好方法，只要一枝筆、一張紙和你自己，就能完成訓練。這裡將介紹各種推甄題型，藉由練習這些題目來培養創意，你就能在會考作文的考試中，有出色的表現！

一、情境寫作

「假設情境」是創意力的表現。

新北市「八仙水上樂園」的情境滑道，有三百六十度的迴轉彎道，讓滑行者彷彿置身在夢幻的情境，仰望藍天白雲，享受速度與自然結合的美妙感覺。在情境寫作中，我們也能透過題目設定的情境，激發想像力以表現創意。

情境寫作是先假設生活發生的某事件，或提供虛擬的事件，讓你針對情境加以解讀、議論和發表感想，主要測驗觀察力、感受力、想像力，以及角色轉換的能力。

寫作要描寫事物的靜態和動態，像人、事、物的外觀和特質，屬於靜態；敘述情境事件發生的經過情形、情景或感受，則是動態。這裡依照主題的不同，可分為角色轉換、時空挪移與場景重現：

(一)角色轉換

這是推甄常見的命題，要你想像自己是情境的某個角色，客觀的跳出「我」，將自己投射為情境裡的人、事、物，去揣摩理解角色的心境和感受。寫法是假設情境真有其事，當成真實的事情來寫。

角色轉換考驗你是否能成功的跳脫自己，把自己想像成另一個人，即使這個角色是你不熟悉的，沒辦法從生活經驗找到靈感，也可以從故事、電視、電影等去聯想。

平常可以訓練自己擬人、擬物的技巧，熟悉轉化修辭；閱讀故事或電影時，將自己代入為主角，複述整個事情經過或評論事件；或多寫自述型的文章，如「桌子的自述」、「書本的自述」等。

重點是要像寫故事一樣，加上描寫、對話、心理活動、場面等，要寫得傳神生動，符合題目要求的情境，內容如果能傳達深刻的思想，就更能提高文章的價值。

題目：水族箱的魚

說明：有一條魚生活在「水族箱」裡，請以此為情境，把自己當成「魚」來寫，設想魚在水族箱生活的感受，並寫成結構完整的白話散文，文長四百字左右。

（模擬試題）

水族箱的魚

彩色斑斕的魚扭一扭腰，甩了甩尾巴，用力的將自己彈出水面，連同魚的軀體挾帶著水花，勾勒出完美的弧線——那就是我，一條生活在水族箱裡的魚。

我非常珍惜這每日一次的跳躍，總是要鞭策自己做最完美的演出，儘管我在事後總是筋疲力盡，只能癱在人工沙灘張闔著圓嘴噓噓喘氣，但我還是樂此不疲。其實，我並不是土生土長的水族箱魚，而是來自大海，卻不慎被漁夫捉到的小魚，然而我並不為自己的命運感到悲傷，甚至還覺得慶幸。

水族箱的同伴們永遠都不知道，大海的生活有多麼殘酷！每天，我都在為三餐奔波忙碌，忙著捕捉比我小的魚，可是卻有更大的鯊魚，忙著捕捉我為食。我是獵人，同時也是鯊魚的俎上肉，這種恐懼擔憂的日子，我過得厭倦極了。

現在，我生活在水族箱裡，每天都有食物自動送上門來，既不必打獵，也不會被獵殺，看著食物緩緩飄下，只要張開嘴，就能飽足，雖然自由受到限制，但我覺得生命更可貴，現在的我十分快樂。

我繼續在水面上彈跳著，只要能每天跳出水面，偶爾呼吸自由的空氣，對我來說，就是最理想的生活了。

詩佳老師說作文

1. **審題**：一般認為水族箱的魚失去自由是不幸的，但不妨逆向思考，想一想，魚雖然從大海被捉到水族箱，但對牠而言，只要安全，日子過得安穩，即使自由被剝奪了，卻也甘之如飴。作者用寓言的方式，表達對於自由與生命的想法。

2. **開頭**：使用結果法，是用倒敘寫法，先將事情的結果說出來，然後才敘述事情的經過，可勾起人繼續閱讀的欲望。本文先從魚的彈跳寫起，然後倒敘魚從大海來到水族箱的經過。

3. **段落**：用了心情法，描述心情和情感的轉折、變動，精彩之處就在於情緒的忽然揚起或急轉直下，能夠牽引讀者的情緒。中間是魚的自述，說出事情的經過，夾雜了魚內心的厭煩、喜悅等心情的抒發。

4. **結尾**：運用批駁法，常用來挑戰存在已久的價值觀，從另外的角度，找出這些已知觀念的錯誤，並建立出更有說服力的新觀念。最後魚道出安全比自由重要的想法，打破了一般的觀念。

結構：結果法→心情法→批駁法

㈡時空挪移

如同走入時光隧道，置身在某個特定的時空，回到過去或前往未來，描述看到的情景，或者改變事情。下筆前，要先找到時空挪移的「目的」，可以是為了解決過去或未來發生的問題，或完成未完的心願。

同學可為情境更換背景時間、地點和場景，例如眼前的情境是某同學在打籃球，就把某同學放到NBA籃球賽的比賽場地；也可以把自己放入故事裡，進入其中的時空情境，編織新的故事。

題目：回到過去

說明：假設你有某種特殊能力，可以回到過去的某個階段，改變以前曾發生的事，或完成自己的理想和心願，你會選擇改變什麼事呢？請寫成一篇四百字左右的文章。

（模擬試題）

回到過去

「昨天晚上，一名女國中生被人發現昏倒在路邊，送醫之後宣告不治。疑似突然的氣喘病發……」我靜靜的聽著那小小的盒子，訴說不幸的消息，然後就在咬下一口三明治的瞬間，已經回到過去。

這天晚上，天氣很冷，我獨自走在高雄市區的馬路旁，尋找她的身影。附近的人、車並不多，眼前的畫面似乎沒有主角，也沒有故事，只有我踩著皮鞋的聲響，落在無人的露天桌椅和僻靜的巷子中。人行道上，一隻野貓凝視般的看著我，反而讓即將要發生的事，先充滿了失落感。

又走了兩條街，前方出現一個女孩子斜背個書包，穿著深藍色的制服，正低頭急速的趕路。只見她突然放慢腳步，肩膀聳動幾下後，又迅速的往前走，就這樣重複了幾次。我正要快步的跟過去，卻見她慢慢的蹲下，一隻手緊緊抓著衣領，我趕快以跑百米的速度衝到她的面前，這條魚正瞪大眼睛看著我，眼神從驚異、高興轉為害怕、虛弱，她「咻咻」的喘氣，嘴角邊吐出白色泡泡。我立刻將呼吸器遞給她，她飢渴的用力吸，呼吸出新鮮的生命。

這一條缺水的魚，現在就坐在我身邊，安逸的喝著我泡給她的熱可可，品嘗我媽媽做給我們吃的三明治。我們將一起畢業，一起長大成人，就像魚兒不能沒有水，永遠都是互相照顧的好朋友。

詩佳老師說作文

1. **審題**：這是想像題，想像自己可以回到過去，如同周杰倫導演的電影「不能說的祕密」，葉湘倫回到過去改變了某些事。同學也可以學習這樣的手法，加上懸疑和奇幻的情節安排，使回到過去的情境能成功的營造出來。
2. **開頭**：先用虛實法，把時間的過去、現在與未來，交雜於文章之中，製造迷離的感覺。開頭是「現在式」，藉由「咬下三明治」便神祕的回到過去，創造了虛實交雜的虛幻感。
3. **段落**：運用懸疑法，從事件的懸疑處寫起，刻意先隱瞞線索，營造神祕的氣氛，再逐步揭示真相。中間將過去所見的景象，描繪得具有神祕感：僻靜的馬路、無人的露天桌椅、野貓、生病的女孩，勾起了讀者的好奇心。

4. **結尾**：使用結局法，把事件或故事的結局交代清楚，給予文章完整性。結局是主角成功救回朋友，回到現在的時空，兩人一起吃著三明治；又用「魚」形容女孩，氣喘病發是「缺水」，友情如同「魚不能沒有水」，都是巧妙的譬喻，參差奇幻的感覺。

結構：虛實法→懸疑法→結局法

(三) 場景重現

寫作時，讓自己運用想像和描寫，使景物或場景重現，彷彿置身在假設的大自然或某個環境裡，這種寫法，就像南港捷運站的幾米「地下鐵」彩繪，重現了繪本的情境。

同學可從題目給的情境找線索，由外圍的「境」，解讀出意義，引發出「情」，最後書寫於「詞」，將自己放在情境中，描寫出環境的氛圍。

平時可從自己生活的周遭，特意製造具體的氛圍或景象，來進行觀察，像是去學校走一走、到公園看人們的互動，或從喝掉半杯的水、一段動聽的音樂，去嘗試編織故事，以鍛鍊自己的想像力。

題目：老外逛夜市

說明：老外「傑克」第一次來臺灣，朋友帶他逛夜市。第一次接觸夜市文化，對傑克來說，是充滿了新鮮感的經驗。請發揮想像力，以「傑克」的角度，描述看到的夜市場景，並寫成一篇結構完整的文章，文長不限。

（模擬試題）

老外逛夜市

「來！跳樓大拍賣！」一個男人拿著擴音器，站在椅子上，聲嘶力竭的在店門口大喊。我問朋友他在喊什麼？朋友翻譯了，我大驚失色：「什麼？要跳樓了？」朋友笑著說，這是老闆說自己幾乎是賠本在賣，所以商品很便宜，希望大家快來買。我這才釋懷。

第一次逛臺灣的夜市，感覺非常新鮮，尤其夜市的攤販以麥克風叫賣的模樣，十分有趣！雖然我不太懂老闆說什麼，但感覺很熱鬧。星期五晚上的夜市擠滿了人，洶湧的人潮一步步的往前推，幾乎令我寸步難行，這種熱絡的場面，在我的國家是看不到的。

夜市還有各式各樣的小吃，可以讓我一次嘗個夠。有一種奇怪的飲料，明明是奶茶，裡面卻加了許多圓圓、軟軟的、很有嚼勁的東西，聽人說那是「珍珠」。入口時，陣陣濃郁的奶香佔滿整個口腔，粒粒滾動的珍珠與舌頭共舞了一陣，再用齒牙細細嚼出清新的甜香——原來這就是珍珠奶茶！真羨慕臺灣人能時常喝到這麼神奇的飲料。

夜市周圍，還有各種奇奇怪怪的遊戲，像是「撈魚」。我拿著紙做的網子下水撈，才剛下水準備捕捉小魚，紙就破了，再看看旁邊的人，只見他將紙網子平放著下水，很輕巧的就撈上一條魚，就這樣連撈了五條。我和圍觀的人忍不住為他歡呼，雖然我連半條魚都沒撈到，但這歡樂的氣氛，卻令我興奮不已。此外還有丟圈圈、彈珠台、空氣槍、飛標……都滿好玩的，只是這些遊戲的英文真難講。

臺灣人很客氣，對待外國人很好，我有不懂的地方，攤販老闆或圍觀的客人，一定會主動幫忙。如果我是臺灣人，我會以身為臺灣人為榮，一定會時常來夜市遊玩，感受這股新鮮的活力與濃厚的人情味。

詩佳老師說作文

1. **審題**：題目要求以外國人的眼光來描述，重現夜市的場景。首先要區別外國人逛夜市和我們有什麼不同，寫出「第一次」看到的新鮮感。寫作時，對臺灣的夜市文化也要有基本認識。
2. **開頭**：使用摹聲法，用狀聲詞或擬聲字，模仿人物或周遭環境的聲音，能夠製造驚奇，給人出奇不意的感覺。點出夜市的熱鬧，再用只有臺灣人聽懂的「跳樓大拍賣」，來製造老外誤會的「笑果」。
3. **段落**：運用通感法，同時用各種感官描寫外界事物，將視、聽、味、嗅、觸等知覺聯繫起來，最後歸於「心覺」，求得內心的體會。描寫夜市場景大量運用感官寫美食，選擇的小販叫賣、珍珠奶茶、撈魚遊戲，都能代表臺灣夜市的特色，成為成功的場景重現。

4. **結尾**：用了假設法，句子使用假設的語氣，以「假如」、「如果」開頭。老外對臺灣夜市的印象非常好，也喜歡臺灣人的熱情，就假設自己是臺灣人，並以此為榮，也是一種「角色扮演」的寫法。

結構：摹聲法→通感法→假設法

二、看圖寫作

「一張圖勝過千言萬語」，圖畫的奧妙，就是能從簡單的圖，傳達深刻的涵義。圖畫又能幫助創意的形成，愛因斯坦曾說，他的想法都是先以圖像浮現，然後才用文字或公式表達，可見圖畫是訓練創意的好方法！

看圖寫作會附加「圖畫」，要同學根據圖畫內容，寫出圖裡的情景，詮釋圖畫的意義，完成文章，考驗想像力、觀察力、組織力和推論引申的能力。在下筆前，應該要先「審圖」，找出畫中蘊含的主題和線索，才能將圖畫想表達的真意解讀清楚。

要注意的是，當題目只有一幅圖，只要描寫圖畫內容，再加上想法就可以；如果是二到四格的一組圖畫，就要留意**圖畫彼此的關聯**，把圖片串聯起來、排列順序，更能測出同學的組織能力。

題目：

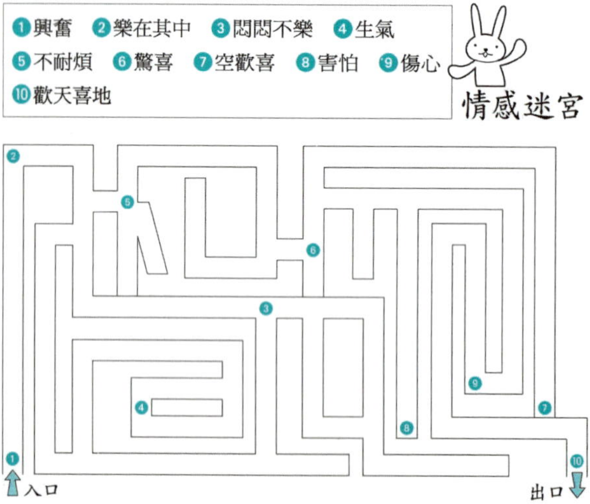

提示：

①興奮 ②樂在其中 ③悶悶不樂 ④生氣 ⑤不耐煩

⑥驚喜 ⑦空歡喜 ⑧害怕 ⑨傷心 ⑩歡天喜地

說明：根據上圖的迷宮和①到⑩的提示，依你想發揮的主題，擬訂題目寫在答案卷上，撰寫一篇四百至五百字結構完整的文章。

（模擬試題）

人生，就是堅持到底

人生像是走迷宮，有時候能夠走得順利，有時候卻會不斷遇到阻礙，使人費盡思量，雖然有許多人在中途就選擇放棄，但依然有人選擇堅持到底。

也許你小時候曾經玩過這樣的遊戲：用幾張椅子排成通道，上頭蓋著棉被，造出了一座迷宮，然後在這些椅子之間穿梭，打算展開一場冒險之旅。遊戲開始時會十分興奮，並且樂在其中，後來卻在很多次的空歡喜和害怕的挫折下，越走越不耐煩，甚至於生氣，興起了放棄的念頭。我發現，這都在於我們是否有堅持到底的決心。

其實，人生是一座轉彎再轉彎的迷宮，好比學習總會遇到挫折。每當我開始學習新的數學公式，就像站在迷宮的入口，前方是黑暗的，所以恐懼學習；但只要我決定鼓起勇氣，勤奮的練習，往往能夠克服困難，成功的算完每一道算式。這就如同走進一片黑暗的迷宮，雖然不小心掉進坑裡面，費一番力氣才爬出來，但卻已經能掌握坑洞的大小，了解自己是如何掉進去的，下次再遇到類似的狀況，就能夠順利解決。

人生就像在走迷宮，有時會遇到岔路，有時被困在死角，有時會在同樣的路不斷的繞，如果我們能抱持堅持到底的態度，克服路途所遇到的阻擋、迷惘、害怕，最後將能取得成功，走出人生的迷宮。

詩佳老師說作文

1. **審題**：下筆前先配合提示走迷宮，才能掌握主旨，如果能將「提示」植入文章，更能切合題目。從提示發現，走迷宮可能引發各種情緒，所以可將人生比喻為走迷宮，傳達「人生就是堅持到底」的態度，使文章有正面的意義。

2. **開頭**：運用正反法，將相反的兩種觀念並列，造成強烈的對比，藉由反面來襯托出正面的意思，以增強主旨的說服力。開頭就寫人生的道路上，有的人走來順利，有人卻遇到挫折，造成強烈的反差，使人印象深刻。

3. **段落**：使用懸念法，先描述一些看似無關的事物，再層層帶出文章的主題，吊人胃口、引人注意之後，再將作者要談論的內容揭示出來。中間先從小時候玩的迷宮遊戲出發，逐步帶出主題，將人生與走迷宮連結在一起，迷宮又比喻挫折的意思。

4. **結尾**：用了勸勉法，具有勸化與鼓舞、激勵人心的作用。最後鼓勵讀者，做任何事要抱持「堅持到底」的心，才有成功的希望，也才能走出人生的迷宮，勸勉式的結尾可提高文章的價值。

結構：正反法→懸念法→勸勉法

三、伸縮接續

為什麼哈利波特的父母親會被佛地魔殺害？羅密歐與茱麗葉一定要殉情而死嗎？有時我們閱讀一個好故事，就會產生許多疑問和想法，而「改寫」，就是讓我們表達自我主張的方式。

改寫是一種「再創造」，就像人換了髮型，看起來風格變了，但還是同一個人。因此，當我們發揮想像力改寫文章，雖然改變了文章的形式和內容，但原文的主題思想還是不變。

這類題型要同學將原來較少的文字，加油添醋的延展成完整的文章；或是將原來長篇的文字，去蕪存菁的裁減為適當的篇幅；或將原有的文體，改成另一種文體；或模仿類似的題材，寫成另一篇文章。

但不論怎麼寫，都是改變原有的型態，將文章延展、刪減、模仿、改寫或接續，測驗同學組織和聯想的能力。依方式可分為擴寫、縮寫、改寫、仿寫、續寫五種：

(一)擴寫

要有創意，得先能有很多的想法，然後從這些想法去延伸，讓點子激發出更多的點子，這樣子去擴展思路，可以幫助你想出許多創意。

「擴寫」是要同學針對指定的字、詞、句子、段落等，加以聯想、詮釋和引申，以完成文章。主要測驗同學在不改變原文的主旨下，擴展內容、豐富情節與充實故事的能力。

寫作時要從題目中，準確抓出文章的主題，再根據主題和材料，寫出能和上、下段相銜接的文章，並運用聯想來豐富內容，把題目提供的文字詳細陳述，再把省略的部分加以補充。

平時就可以做簡單的自我訓練，例如拿出一元錢幣，想想它的用途，就可想出購物、打電話、畫圓圈、存起來、開酒瓶蓋、刮刮樂等等，是個能讓想像力變得無限大的方法。

題目：請從下面指定的佳句，加以詮釋和引申，寫成字數兩百字以內的白話文。分段與否，可自行決定，引用佳句要加上引號。

佳句：不要小看自己，因為自己有無限的可能。

（模擬試題）

不要小看自己，因為自己有無限的可能

人的一生，有順境也有逆境，但是不管遇到什麼狀況，對自己一定要有信心，絕對「不要小看自己，因為自己有無限的可能」。

有時我們會遇到挫折，而產生深深的無力感，就像龜兔賽跑中那隻不被看好的烏龜，如果因為一時的挫折就小看自己，躲進殼裡而裹足不前，當然不可能得到成功。

因此，我們應該勇於面對任何問題，要相信自己，才能在重重的困難與不被看好的情況下，活出自信的人生。

詩佳老師說作文

1. **審題**：首先了解佳句的意義，「不要小看自己，因為自己有無限的可能」意思是人要

建立自信，才能發展潛力；再來是詮釋和引申，要詳細的舉例說明，加油添醋，合理的發展文章。

2. **開頭**：運用解題法，題目如果屬於涵義較深的抽象語句，就先將題目的意義簡單解釋，讓讀者在開頭就能先了解主題。「佳句」是文章的主旨，所以開頭就要先把意義解釋清楚，後面才能有適當的發揮。

3. **段落**：使用比喻法，舉出「龜兔賽跑」這令人耳熟能詳的例子來比喻，形容遇到挫折就「躲進殼裡」，和烏龜躲進殼裡有雙關的效果，也很容易令人明瞭。

4. **結尾**：用了總結法，將文章分析出來的看法，在結尾總結成為結論，以點出題旨，說明作者的主張。最後作出「勇敢面對，相信自己」的結論，成為自己的座右銘，文章雖短，但開頭、中間和結尾的文意都很完整。

結構：解題法 → 比喻法 → 總結法

(二) 縮寫

許多的創意都要經過濃縮，提煉出精華，才能成為最吸引人的焦點，好比濃縮香精的甜蜜滋味，使氣味更芬芳持久。縮寫，也有同樣的效果，讓文章變得更精緻。

這類題型是在不改變基本內容和主旨下，分析各段的重點，適當的剪裁後，再用簡潔的文字，將長的文章縮寫成完整的短文。主要測驗挑重點、剪裁和表達文章主旨的能力。

方法有三種，一是概述法，選取重點，在字數條件內，用自己的話解釋一次。二是刪去法，將原文有描寫和抒情的語句刪除，只留下主要的意義內容。三是合併法，原文有情節重複的地方，就合併起來，再精簡的重新詮釋。

題目：遇見一株樹

有時候，遇見一株美麗的樹的心情無法確切形容，但我知道我必是非常的歡喜。如此生活的微末細枝，激盪我心情的能量卻是相當巨大的。

在視覺上，樹給我的享受是一種繁複的影像，不得不專注地停下腳步，用心靈仔細地分析。時常，我的智慧也無法精確地解析枝葉間華麗繁複的構造組織。它們在美的藝術造境上絕對歎為觀止，變化萬千。

一株美麗的樹在枝葉的生長安排上，呈現出和諧的驚人創造，即使生命現象強大豐富，茂密而力量充沛，每一片樹葉之間卻和諧而井然有序。有些樹種的風格嚴謹而穩重，有些是細緻溫柔，有些則飛揚瀟灑，有些呈堅毅不屈以及永恆的身姿。

但樹給我的繁複華麗的視覺印象，反應在心靈上的，卻是簡單的快樂、簡單的愉悅、簡單的舒適。

我在樹林裡猛然撞見一株全力盛開的黃槐。它那豔麗耀眼的黃色花朵，在陽光下是一種龐大集團的色彩，花的形體已然消失，簡化成強烈的、不需精確描述的黃；印象化的、點點無數的黃，具有神奇魔力，能量驚人。我的心情由猛瞬間的驚奇轉為專注而簡單的快樂！

而人生追尋的，便是此種心靈寧靜的簡單快樂，我發覺，植物可以很直接地給我這些。（節錄自王家祥〈遇見一株樹〉）

說明：1.請將上面的文章縮寫成二百字左右的短文，並自訂題目。

2.縮寫時，不可以偏離主題，可自行決定分段與否。

（模擬試題）

遇見一株樹

遇見一株美麗的樹，使我的心情非常歡喜。

對我來說，觀賞樹是心靈的享受，樹的美麗是如此千變萬化，就如同它繁複的構造組織，令人歎為觀止。一株樹的生長，透顯出豐沛的生命力量，樹葉彼此間，呈現和諧有序的排列，而它們的姿態有的細緻，有的飛揚，有些呈現堅毅的風格，觀賞樹，我能得到來自心靈的簡單快樂。

我在森林遇見一株盛開的黃槐，那黃花在陽光底下散發出強烈的黃，黃得驚人，黃得豔麗，看見它，我的心情頓時從驚奇轉為簡單的快樂。

人生所追求的，就是這樣單純的快樂，而植物已經給了我。

詩佳老師說作文

1. **審題**：原文有六段，縮寫成四段。為了文章的順暢，縮寫的句子可以從原文尋找，也可以另造新句，但不能偏離原文的中心思想。縮寫後的文字仍要自然順暢，不要因為精簡，而使句子平淡無味。

2. **開頭**：運用破題法，先解釋題目，又稱「開門見山法」，開頭就把題旨點明，直接揭示主旨，可為後面的正、反論述鋪路。先把「遇見一株樹」，使作者的心情「非常歡喜」點出來，以下再舉例說明。

3. **段落**：用了特寫法，針對主題的人、事、景、物的特點，詳細加以刻畫或描寫，給讀者深刻的印象。中間細緻的描寫樹的美、葉子和樹的姿態，再寫觀賞樹所感受的快樂，而形容黃花的色彩和對黃色的感受，縮寫時只用「黃得驚人」代替即可。

4. **結尾**：使用啟示法，從對事件和經歷的敘述，歸結所得到的啟示和教訓，來加強文章表達的中心思想。作者從欣賞樹，得到人生的快樂就是單純、簡單，是一種對生活與萬物的體悟，放在結尾可提高文章的高度。

結構：破題法 → 特寫法 → 啟示法

(三)改寫

改變形式再創造，是一種創意，像有人將傳統的京劇臉譜改變原本使用的形式，從演員的臉譜轉為時尚精品，這就是「變形」的創意。

改寫，通常是改變不同的文章形式，如改變文體（古詩改散文）、人稱（第三人稱改第一人稱）、敘述方式（順敘改倒敘）、描述（記敘改對話）等，測驗同學閱讀、想像、寫作技巧和轉換文體的能力。

寫作時，要看清楚題目要求的文體，先對原文字面的意義和寓意理解後，再發揮想像去構思、下筆，但注意要盡量用自己的話來詮釋。

方法是在原有的情節上，加入想像的情節，使內容更豐富，但是又不能脫離原來的主題，雖然是改寫，仍然要加上自己的創意。

題目：舊詩新作——過故人莊

故人具雞黍，邀我至田家。
綠樹村邊合，青山郭外斜。
開軒面場圃，把酒話桑麻。
待到重陽日，還來就菊花。

說明：

1. 請將孟浩然的五言律詩〈過故人莊〉改寫成一篇白話散文。

2.寫作時要掌握下列要點：
甲、精簡敘述人事
乙、描寫田園風光
丙、抒寫賓主情誼
3.結構要完整，必須分段，文長限在兩百字左右。
（模擬試題）

舊詩新作——過故人莊

老朋友預備了豐盛的飯菜，邀請我到他的農莊作客。我懷抱悠閒的心情赴約，欣賞著田園風光，只見那村莊隱現在青蔥翠綠的樹林裡，青山更自遠方的城外橫斜而來，這裡宛如世外桃源一般。朋友早已經擺好酒菜，殷勤相待。我們推開窗子，面對著菜園和穀場，邊喝酒、邊談論著桑麻的生長，雖然我們的話題總圍繞著農家雜事，但好友之間的情誼，正是透過這些日常小事表露無遺啊！

相聚總有結束的時候，酒酣耳熱後，天色逐漸黯淡，這場賓主盡歡的饗宴，也將要結束了。分離時，我們相約在九月九日的重陽節，那時一定要攜手登高，共飲菊花酒。

詩佳老師說作文

1. **審題**：要先將詩的原文，依人事、田園風光、賓主情誼分析出來，再把原本精鍊的文字，用現代的語言分段重寫。古詩如果有倒裝句，白話文就要還原成直述句。另外，要充分運用想像力，具體形容詩中沒有詳述的內容。
2. **開頭**：使用原因法，從事情的原因順序寫起，在文章開始，就把寫作的動機、目的，或事情發生的原因交代清楚。作者先點出應朋友的邀約，前往鄉村的農莊作客。
3. **段落**：用了遠近法，宛如攝影機一般，將空間中的遠、近變化描寫出來，可由遠及近或由近及遠，使文章具有動感和突出的美感。中間描寫鄉間風景，從較遠的樹林、青山，拉近到農莊、酒筵，又善用譬喻，使文章更有變化。
4. **結尾**：運用期勉法，作者在和朋友話別的時候，約好要在重陽節攜手登高，團聚在一起，表達他內心的期望，使這場聚會到最後表現出依依不捨的情感。

結構：原因法→遠近法→期勉法

(四)仿寫

模仿也是一種創意，像綜藝節目的電視模仿秀，就是從模仿的基礎出發，演員模仿時，加入自己的想法，配合天馬行空的包裝，模仿就不再是模仿了，而是創意。同樣，作文的仿寫除了模仿，還能表現創意和想法。

仿寫有兩種，一是形式的仿寫，包括體裁、段落、結構、順敘、倒敘、修辭的模仿；二是內容的仿寫，包括選材、立意、思想的模仿。越能抓住原文的特色來模仿，就越能得到高分。

寫作時，可以模仿指定文章的思想內容、段落結構或寫作技巧，但是要注意，不能流於抄襲或偏離主題，所以下筆前，先掌握文章所表達的主旨和寓意，是解題的第一任務。

題目：周敦頤〈愛蓮說〉

水陸草木之花，可愛者甚蕃：晉陶淵明獨愛菊；自李唐來，世人甚愛牡丹。

予獨愛蓮之出淤泥而不染，濯清漣而不妖；中通外直，不蔓不枝；香遠益清，亭亭淨植，可遠觀而不可褻玩焉。

予謂：菊，花之隱逸者也；牡丹，花之富貴者也；蓮，花之君子者也。噫！菊之愛，陶後鮮有聞，蓮之愛，同予者何人？牡丹之愛，宜乎眾矣。

說明：

1. 古人說：「萬物靜觀皆自得。」只要細心體會、用心觀察，「物」也能帶給你深刻的體會。
2. 請參考短文後，另選一種植物，自訂題目，仿寫一篇三百字以內的白話文。

（模擬試題）

愛梅小記

梅、蘭、竹、菊四君子，每一種都值得欣賞：鄭板橋愛畫竹子與蘭花，陶淵明偏愛為菊賦詩，而我則單單喜歡雪白的梅花。

梅花盛開在寒冷孤寂的冬日，在眾花凋落的時刻，獨佔枝頭，無所畏懼，以她的冰清玉潔征服花的世界；梅花由五片小巧的花瓣所組成，白梅獨立於雪中，是那樣的純潔，而墨梅在畫中綻放，是那麼的高貴，紅梅則為蕭瑟的冬景，帶來年節的喜氣。到了夜晚，梅花散發出淡淡的幽香，立刻就將人給深深吸引。

我認為：蘭花像矜持的美人，竹子像滿腹詩文的書生，菊花像嬌柔的少女，梅花則像一位曠世佳人，幽獨而高雅。梅花啊！其實愛妳的我並不孤獨，還有「梅妻鶴子」的林逋，和歌詠「牆角數枝梅，凌寒獨自開」的王安石啊！

詩佳老師說作文

1. **審題**：本題只要按照原文的分段，根據每段的重點來仿寫即可。提示說「萬物靜觀皆自得」，除了要描繪物的外觀，還要寫出物帶給你的心靈體會。

2. **開頭**：使用列舉法，寫出幾樣所要敘述的事物，而這些事物應該有些關聯，並且切合主題，但順序則可以任憑作者的主觀想法來更動。主題是「花」，還要具有象徵意義，原文的蓮花象徵君子，主角就選擇象徵「堅強」的梅花；原文拿菊花、牡丹和蓮花比較，本文就拿梅蘭竹菊四君子來比。

3. **段落**：用了情景法，運用具體景物來襯托抽象情感，使得景中含情。不但寫出梅花的外觀，還寫出梅花在眾花中獨占鰲頭的女神形象，使得冰雪中的梅花彷若脈脈含情，又似孤高的仙子，並將國畫裡的「墨梅」也放進來比較。

4. **結尾**：運用呼告法，呼喚對方，以引起對方注意，再告訴他要說的事情；或用驚歎的語氣來敘述，以表達更強烈的情感。顛覆原文結尾「獨愛蓮」的寂寞，本文將梅花擬人，發出深情的呼喚，說自己還有林逋、王安石等「同好」相伴，模仿之餘仍然有自己的創意。

結構：列舉法→情景法→呼告法

㈤續寫

運動比賽的「大隊接力」，就是接續前人跑出來的成果，繼續將賽程跑完；而寫作中，續寫也是承接已有的故事內容，運用想像力編織缺少的情節，可以拓展思考力。

續寫就是補寫，題目會提供文章的片段，要你把缺少的部分完成，撰寫成一篇完整的文章，主要測驗同學組織、銜接、拓展思想的能力。

有的題目會提供文章的開頭、結尾，要求續寫中間缺少的部分；有的提供開頭，要求往下續寫；有的提供中段，要求寫出上、下段落的文字；有的提供結尾，要求將上段完成。

不論題目怎麼出，都要先分析題目提供給你的材料，以此為中心放射式聯想，將前因、後果、相關的部分，一一思考清楚，才能順利的拓展文章內容。

題目：正確的決定

如果沒有哥哥口中的「麻煩」，說不定我們今天都葬身火海了。

兩年前，一個微風徐徐、氣氛怡人的傍晚，我們一家人散步時，在路邊發現一隻被遺棄的小狗，牠渾身毛茸茸的，憨憨可掬。我表示要把牠抱回家養，但媽媽和哥哥都不贊成。媽媽說我們家沒有養牠的條件，哥哥斷定牠只會帶來麻煩。

……………………

「麻煩」的確曾經為我們帶來不少麻煩，但牠今天機伶、英勇的表現，終於贏得了全家的肯定，我更慶幸兩年前做了一個正確的決定。

說明：

1. 上面是一篇文章的開頭和結尾，請把中間虛線缺少的部分文字完成，成為一篇完整的文章。
2. 續寫的字數約四百字左右，可自行決定分段與否。

（模擬試題）

正確的決定

如果沒有哥哥口中的「麻煩」，說不定我們今天都葬身火海了。

兩年前，一個微風徐徐、氣氛怡人的傍晚，我們一家人散步時，在路邊發現一隻被遺棄的小狗，牠渾身毛茸茸的，憨憨可掬。我表示要把牠抱回家養，但媽媽和哥哥都不贊成。媽媽說我們家沒有養牠的條件，哥哥斷定牠只會帶來麻煩。

就在這時，我發現小狗的腹部有個淺褐色的「心形」圖案，形狀清晰，襯著牠渾身雪白的毛，非常醒目，也非常漂亮，彷彿是注定會帶來愛的狗。我們都為牠身上的愛心標誌感到吃驚，於是媽媽和哥哥改變心意，決定收養牠，並幫牠取名叫作「麻煩」。「麻煩」是一隻好吃、愛睡的狗，每天早晨，就搖著尾巴在我的門口等，催我快點餵牠吃飯；牠吃飽了，就會挺著大大的「愛心」，在院子懶洋洋的睡覺，那顆心在陽光的照耀下，顯得十分迷人可愛。

有一天深夜，我睡得正香甜，忽然聽見「麻煩」在我的房門外狂吠，還用爪子用力抓門。我生氣的起床想找「麻煩」罵牠一頓，沒想到一開門，陣陣濃煙就往我的房間湧入，我驚覺家裡失火了，便拚命的拍打爸媽和哥哥的門。在「麻煩」的狂吠和我的拍門聲中，全家人都被驚醒，當時一樓的廚房和客廳已經濃煙密布。我們逃出家裡以後，哥哥立刻打電話報警，消防隊便迅速趕來撲滅火勢，我們沒有受到太大的損失。鄰居都稱讚「麻煩」是一隻有愛心的好狗，那「愛心」也成了最溫暖的記號。

「麻煩」的確曾經為我們帶來不少麻煩，但牠今天機伶、英勇的表現，終於贏得了全家的肯定，我更慶幸兩年前做了一個正確的決定。

詩佳老師說作文

1. **審題**：可以利用「起承轉合」的結構來思考，因為已有開頭和結尾，所以要發揮想像力，編織「發展」和「經過」。注意續寫的內容和前、後段的關聯，從開頭的「火海」，可知要寫失火內容；從結尾狗的「勇敢」，可知要寫狗救主人的情節。
2. **開頭**：使用結果法，先寫事件的結果，開頭就點出因為這隻狗，全家人才能倖免於難，不至於葬身火海，以下才緩緩道出事情的前因後果，能引起讀者繼續閱讀的興趣。

3. **段落**：用了回憶法，以回憶的方式，追述過去或抒發情感，帶人走入時光隧道，重現當時的情境。主角從收養「麻煩」是因為「心形標記」，暗示狗「有愛心」，並先寫狗的懶，突出後面救人的機警，又不忘將逃出火場的緊張氣氛，營造得有如身歷其境。

4. **結尾**：運用感想法，寫出心情感受或想法、看法，是一般作文結尾最常使用的方式。最後緊扣住狗的名字「麻煩」，說牠一點都「不麻煩」，以名字作文章，製造有趣的效果，與上文「心形標誌」、「有愛心」的設計，相互呼應。

結構：結果法→回憶法→感想法

四、組合作文

創意，就是連結和組合不同的事物，成為另一個新事物。組合恰當的話，就如MP3那麼令人激賞；組合不當的話，就好像在冰淇淋加上貢丸口味，十分不協調。

這類題型提供幾個成語、句子或段落當作材料，讓同學選其中幾個來排列組合，成為一篇文章。就像設計衣服，從袖子、衣領、鈕扣到布料，組合不同，就會變化出不同款式的衣服。

組合作文主要測驗理解材料和組織的能力。下筆前，要先理解材料的意義，設定的主題要能和材料搭配，接著，將這些材料排出先後次序，加上創意和想像的內容，就可以順利完成文章。

題目：下面共有八個成語，請任選其中四個，運用在你所設定的主題中，寫一則一百五十字以內、意思完整的文章。

良朋益友、一見如故、車笠之盟、酒肉朋友

泛泛之交、剪燭西窗、總角之交、以文會友

說明：1.請自行決定主題，並定出題目。

2.文中使用的成語要特別加上括號。

（模擬試題）

談交友

交朋友要選擇「良朋益友」，才能幫助自己增長知識與品德，而「以文會友」則是很好的交友方式，因為當我們透過書寫詩文來結交朋友，就能和朋友心靈契合。交友要注重精神層面，如果只是「酒肉朋友」，只知道聚在一起吃喝玩樂，而不能互相砥礪，這樣的友情便是脆弱的，只能說是「泛泛之交」罷了。

詩佳老師說作文

1. **審題**：先找出成語彼此的關聯和正反意義，進行篩選，排除不確定意思的成語。「酒肉朋友」、「泛泛之交」是反面，「良朋益友」、「一見如故」、「以文會友」是正面，兩組又有關聯，所以選這四個成語，較容易下筆。

2. **構思**：寫文章要層次分明，思考主題時，要將所有成語的情境考慮在內，接著再下題目。本題分為幾個層次來寫，成語都是關於「朋友」，就從選擇好朋友的「良朋益友」寫起；接著用「以文會友」談交友的方式；最後說如果結交「酒肉朋友」的話，友誼只是「泛泛之交」而不會深刻。

3. **成語說明**：

良朋益友：有助於增長知識與品德的朋友。
一見如故：第一次見面就相處融洽，如同老朋友一般。
車笠之盟：比喻友誼深厚。
酒肉朋友：只知聚在一起吃喝玩樂，而不能相互砥礪的朋友。
泛泛之交：普通膚淺的交情。
剪燭西窗：比喻思念朋友。
總角之交：從小就要好的朋友。
以文會友：透過詩文來結交朋友。

題目：

像在古越國的浦陽江邊，那素手浣紗的西施。
如王昭君悲切地撥動琴弦，孤身前往大漠和番。

彷彿雲彩遮住了月光，貂蟬也奪去了月色的光彩。

好似柳如是的嬌柔動人，連花葉也羞得低下了頭。

說明：1.上面總共四個句子，請你自行決定植入文中的次序，並決定主題，寫一篇文章，文長三百字以內。

2.請自定題目，文中植入的句子要特別加上引號。

（模擬試題）

那些紅顏

那些紅顏將眼淚化作鋒利的劍，刺向君王腐朽的江山，演繹了天翻地覆的歷史；那些紅顏更將柔軟化為堅強，實踐堅定的信念。

「像在古越國的浦陽江邊，那素手浣紗的西施」，以她的美貌迷惑了夫差，用那雙纖纖玉手傾覆了吳國；「如王昭君悲切地撥動琴弦，孤身前往大漠和番」，卻能以聰明智慧，傳授匈奴中華文化，成就了一國之母；「彷彿雲彩遮住了月光，貂蟬也奪去了月色的光彩」，她不但美麗，又能運用機警，將勇猛的董卓與呂布戲弄於股掌之間；「好似柳如是的婉轉動人，連花葉也羞得低下了頭」，她雖然嬌柔，但當清軍兵臨城下時，卻有勇氣投入水中殉國，表現堅貞的心志。

那些紅顏證明了最柔軟的，也能兼具堅強的道理。紅顏並非薄命，她們悲劇的人生是勇者的榮光。

詩佳老師說作文

1. **審題**：題目提供的句子，都以一個古代美女為比喻，她們的共同點，就是能以柔弱之身成就大事，或具備英雄的勇氣，主題就可設定為「柔軟中的堅強」，將四大美女當作例子，加入歷史背景，表現她們不凡的性格及成就。
2. **開頭**：使用解題法，先解釋題目「那些紅顏」的意義，主張紅顏（美女）雖然具有柔弱的形象，但是眼淚卻可以傾倒江山、改變歷史，點出「柔弱勝剛強」的主旨。
3. **段落**：運用列舉法，中間列舉四個古代美女的事蹟，加上對歷史典故的了解，寫出西施用浣紗的手傾覆吳國，王昭君成為有能力的國母，貂蟬的智慧可以戲弄董卓和呂布這兩位梟雄，柳如是能為了愛國而看輕生死，這些都表現出女性的勇敢，足以和英雄媲美。

4. **結尾**：用了呼應法，就是前後呼應。在文章結束時，讓結尾的文意與開頭或主旨相呼應，可以使作文的頭尾意義連貫。最後回到開頭「柔弱勝剛強」的主旨，顛覆「紅顏薄命」的思維，反說她們悲劇的人生正是勇者的代表。

結構：解題法→列舉法→呼應法

五、詩文賞析

賞析，是一種帶有研究性質的文章，要有自己的「觀點」，好比看一部電影，如果只是看完了感覺很好，帶動想像和情緒，那就是「觀眾」；但如果看完電影，對情節、人物、畫面、運鏡有自己的看法，並撰寫分析評論的文章，那就是「影評」。賞析詩詞文章，就接近影評的工作了。

這類題型是提供一首詩、詞、曲、銘之類的韻文，要求根據其中的文法修辭、遣詞造句、內容意境、章法布局、風格特色等，加以賞析。主要測驗同學賞析的能力，而不是撰寫讀後心得。

解題時，要先了解材料的內容和典故，同時從藝術角度去欣賞寫作技巧，分析語言特色和作者的思想內涵，最後把握材料的意境，分析作品隱含的意義。

題目：文章賞析——陋室銘

山不在高，有仙則名；水不在深，有龍則靈。斯是陋室，惟吾德馨。苔痕上階綠，草色入簾青。談笑有鴻儒，往來無白丁。可以調素琴、閱金經。無絲竹之亂耳，無案牘之勞形。南陽諸葛廬，西蜀子雲亭。孔子云：「何陋之有。」

說明：

1. 這一篇劉禹錫的〈陋室銘〉，是帶有自傳性質的作品，作者以短短的篇幅，塑造出品格高節的形象，請仔細閱讀體會。
2. 就這篇文章，針對「思想內涵」與「文法修辭」兩方面，綜合欣賞分析。
3. 以白話文書寫，結構要完整，字數不限。

（模擬試題）

文章賞析——陋室銘

〈陋室銘〉是劉禹錫的名篇，其中有深刻的思想內涵和精妙的修辭技巧，值得我們欣賞與學習。

在思想內涵方面，作者以「惟吾德馨」貫穿全文，成為文章的中心思想，藉著寫房屋來寄託作者的心志。作者認為，房屋的高貴不在於外在的襯托，而在人的品德，提醒我們不必過分重視外在，只要有充實的自我，努力進德修業，就無須在乎自己彈的是一只素琴，還是住在破屋之中。文章又說，若能往內心修養，即使居住在陋室，也能自得其樂，仍可使陋室的名聲遠播，使道德高尚的人樂於親近。

在文法修辭方面，除了「斯是陋室，惟吾德馨」和「何陋之有」，均是使用對仗，倒裝句則有「草色如簾青」、「苔痕上階綠」與「何陋之有」。「山不在高，有仙則名；水不在深，有龍則靈」，是將自己比喻為山中仙人和水中的龍，而「南陽諸葛廬，西蜀子雲亭」，則將陋室比喻為諸葛廬、子雲亭，皆用譬喻法暗喻自己如仙人、如神龍般不凡，也如諸葛、子雲般英雄。用「絲竹」借代音樂、「案牘」借代公文，使文句有變化；「談笑有鴻儒，往來無白丁」使用映襯，「白丁」襯托所交往的朋友都是「鴻儒」，間接表現自己的心志高尚。最後「孔子云」則是引用法，出自《論語》。〈陋室銘〉不但運用了豐富的修辭，使短短的文章呈現波瀾的氣勢，更表現出作者開闊的心胸與高遠的見識。

詩佳老師說作文

1. **審題**：銘，是文體的一種，大多用來勸戒或勉勵自己，解題先要了解作者用意，主要在自我勉勵：只要努力進德修業，即使住在簡陋的地方，也能安然自得，如此才能掌握賞析的方向。「結構要完整」，所以要寫開頭和結尾。
2. **開頭**：使用原因法，從事情的原因順序寫起。在文章開始，就把寫作的動機、目的，或事情發生的原因交代清楚。本文作者便是先說出寫作的動機，作為下文的引子。
3. **段落**：運用垂直法，就是「垂直式思考」，在文章段落從現有的理論、知識或經驗出發，從上到下、垂直深入分析的思考方式，重視思考的延伸。中間將題目要求的思想和修辭，分兩段來深入賞析，表示住陋室也可以充實自己，和往來的朋友呼應，正可透露作者重視內涵，不重視外在的品德修養。文法修辭能提到來源、典故或作者用意會更好。

4. **結尾**：用了總結法，在分析完文章的思想與修辭之後，總結出對作者劉禹錫人格胸襟的看法。

結構：原因法→垂直法→總結法

小結

「會考心測中心」曾針對寫作測驗的命題進行討論，考慮參考推甄高中的題型，加入條件式短文、改錯、造句、看圖作文等，就是希望藉由多元的題型，測驗同學靈活運用語文的能力和創意。

雖然目前寫作測驗以引導式作文為主，但是練習多元的題型，從中訓練自己的創意力，還是得分的不二法門。

創意是可以培養的，但卻需要你的實踐。知名電視製作人王偉忠曾說：「創意如果不執行，就等於胡謅。」在學會這麼多寫作的方法後，還要努力練習，讓創意思考成為你的「習慣」，未來，必能在會考作文成功的得到六級分！

貳

詩佳老師的叮嚀

- 一、會考作文題型
- 二、說故事的魅力
- 小結

人人都愛玩遊戲，而每一種遊戲都有規則，玩家必須遵守才能避免犯錯，參加會考也要遵守考試規則，這裡將介紹會考作文的命題方式及題型，希望同學能熟悉現有的引導式題型，好順利面對寫作測驗。

一、會考作文題型

會考作文趨向

現行十二年一貫課程，培養同學將知識帶著走的能力，因此內容趨向以「生活環境」為主，結合生活與學習經驗，讓語文知識落實在生活中。出題方式則以引導寫作為主，有別於以往的命題作文，然而兩者的差別在哪裡呢？

有一位五星級大飯店的廚師，剛拿到一張食譜，上面只有寫著菜名，叫作「鴛鴦蝴蝶肉」。廚師看了，覺得一頭霧水，完全不懂得怎麼做這道菜，還差點跑到外面去捉蝴蝶！

後來廚師的助理匆匆忙忙的進來，拿了另一張單子給他。廚師仔細看，原來是食譜的另一頁，上面寫著「火雞肉、豬五花、菠菜……」，才終於知道該怎麼做出這道「鴛鴦蝴蝶肉」。

命題作文好比只有菜名的食譜，通常老師命題時，只提供一個題目，由同學自行解讀構思；而基測寫作測驗，就像寫得很仔細的食譜，不但有菜名，還列出食材和做法，就是除了提供一道題目，還加上一段說明描述的文字，要求同學配合寫作，所以成為考試的主流。

引導式寫作重視整體的寫作能力，有明確的指引方向，藉著「說明」切合題意，啟發聯想，必須依照「說明」和題目要求來書寫，才不會偏離題意。以下參酌基測試題，為同學介紹引導寫作的題型。

引導寫作題型

就像道路需要路標來引導車輛和行人，引導寫作的題目是選擇一則或數則文字，作為寫作的參考，用來說明和解釋題目，引導寫出切合題意的作文。依照「說明」文字的不同，可分為舉例提示、格言提示、問題提示：

㈠舉例提示

使用「記敘」的文字來說明題目，可能只是一段說明，搭配幾個例子解釋題目；也可能是描述一個事件或狀況，請同學具體說出自己的經驗。

題目：我最快樂的事

說明：打一場好球、讀一本好書、放一段長假、參加各種營隊活動……，可能都讓自己覺得非常快樂。你最快樂的事是什麼？請寫下你的經驗與感受。

（98年基測例題）

詩佳老師說作文

1. **審題：**題目的關鍵詞在「最快樂」和「事」，同學必須以記敘來描述讓你快樂的這件事。題目強調「最」，就要鉅細靡遺的描述「某一次」經驗，而不是把很多個快樂的事，同時集中在一篇文章。

2. **構思**：說明中「打一場好球」指運動，「讀一本好書」指閱讀，「放一段長假」指旅遊，「參加各種營隊活動」指夏令營等，就是提供你幾個寫作的方向，你可寫運動類的打籃球等等。這件事既然是「最快樂的」，就要交代令你快樂的「原因」和「經過」，具體舉出例子及心情感受。

題目：那一刻，真美

說明： 生活中有許多動人而美好的時刻：也許是走出戶外，發現山的壯麗與海的遼闊；或者是閱讀的時候，某段文字觸動了內心；也可能是在大雨中，看見父母為子女遞送雨傘的身影……，那些動人的時刻，總是給我們美好的感覺。請寫下你生活中美的那一刻，說明它的特別之處，以及你的感受或想法。

（97年第2次基測）

詩佳老師說作文

1. **審題**：題目的關鍵詞是「那一刻」，著重抒發「當下的感受」，要描寫令你感覺到「美」的事物。說明中，寫「經驗」是記敘，寫「感受」是抒情，寫「想法」是議論，可以先記敘那一刻發生前後的經過，藉著這件事描寫心情感受，最後提出想法。
2. **構思**：說明提供「風景、閱讀、生活觀察」等寫作方向，讓同學的思考可以不受限制，所以任何事物不論是有形或無形，只要你能說出「美在哪裡」，就能夠當作寫作的材料。可先描述當時的環境氛圍，然後放入感情，使得情景交融，就能使讀者感同身受。

(二)格言提示

是使用「格言佳句」、「俗話諺語」來命題。格言的意義豐富，精簡流暢，蘊藏著無限的智慧，是無聲的啟迪，所以適合用來當作引導。同學可對說明中的格言進一步延伸和詮釋，挖掘格言的深刻意義，但不要只有引用。

題目：付出與收穫

說明：俗話常說：「一分耕耘，一分收穫。」但是付出與收穫一定對等嗎？請至少舉一個發生在自己身上的實例，或你所知道的事件、故事，來說明付出與收穫的關係，並論述這個事例帶給你的啟示。

（基測例題）

詩佳老師說作文

1. **審題**：題目屬於議論文，首先了解「付出」、「收穫」的因果關係，有了付出才會得到收穫，沒有付出就沒有收穫，要舉例說明自己為了什麼事，付出了什麼，又得到什麼收穫。

2. **構思**：「收穫」除了實質上的獲得，某些無形的收穫，同樣能帶來影響和啟示，如果能寫出啟示，就能提升文章的價值。說明中的名言「一分耕耘，一分收穫」，可以用在作文，將能使文章更有深度，但必須徹底了解名言的意義，除了引用，還要加以詮釋和說明。

題目：美的發現

藝術大師羅丹這麼說過：「美，到處都有，對於我們的眼睛，不是缺少美，而是缺少發現。」

說明：請將你的美感經驗，以「美的發現」為題，寫一篇短文，記敘、寫景、抒情皆可。文長約兩百字左右。

（成功高中推甄）

詩佳老師說作文

1. **審題**：題目是「美的發現」，重點在「發現的事物和發現的過程」，不需要議論美醜的定義，也不用評斷美的利弊，而且說明中的「記敘、寫景、抒情皆可」，就是提示你不必使用議論方式。

2. **構思**：說明提示「美，到處都有」，因此要掌握「生活中的美隨處可見」、「唯有用心觀賞，才能看見美的事物」，寫出周遭人、事、物的美好。可採取「由外而內」的方式，先描述外在環境之美，然後深入心靈的觸發，抒發當你發現無處不美時，內心所受到的感動。

㈢**問題提示**

說明提出幾個重點，用「提問題」的方式引導同學思考或聯想，以協助整理寫作的素材。同學可將說明提出的每個問題，整理成綱要，下筆的思路才會清楚。

題目：當一天的老師

說明：求學至今，你遇過許多不同的老師，如果請你當一天的老師，你會做些什麼？是在家政課上，安排學生服裝表演？還是帶領學生進行戶外教學？或者是整天都面帶微笑，不責備學生？……請寫出你的想法和做法。

（97年第1次基測）

詩佳老師說作文

1. **審題**：題目要同學假設自己是「老師」，而且只「當一天」，所以是要角色扮演，想像自己是老師的角色。題目不限制是哪種「老師」，不論是家政老師、體育老師，都可以是假設的對象；但教學內容必須和老師的身分符合，像家政老師就可以安排服裝表演，體育老師則能安排運動競賽。

2. **構思**：因為只有「一天」的老師身分，所以同學要將當老師想做的事，濃縮在一天完成，舉例就不能太零碎；如果寫了很多想做的事，但每樣都只寫一點點，內容就很單薄。除了假想授課內容，也要記得描述「對待學生的態度」，這是情感的書寫，要運用抒情的技巧。

題目：體諒別人的辛勞

說明：一天的生活當中，有許多人為我們做許多事，不可能凡事只靠自己。如果能多體諒別人，懂得感謝和寬容，不僅自己覺得快樂，家庭、社會也將會更溫馨和諧。想一想：在你的生活周遭，親長、朋友、社會大眾……，哪些人為你付出、為你服務？你應當用什麼樣的心態、行動來面對或回報他們？若他們的付出或服務不能盡如你意時，你又該如何？

（95年基測例題）

詩佳老師說作文

1. **審題**：題目的「體諒」是主旨，「別人的辛勞」是書寫範圍，這是破題的技巧。有的同學只寫出「辛勞」，卻忽略了寫出「體諒」，就不能切題。從說明提出的問題，可以列出寫作層次：先找出寫作對象，就是為你付出的「那些人」；其次寫他們為你做的事、對你有何影響；最後要寫出你的回報和感謝。
2. **構思**：思考焦點放在「不能盡如你意時」，因為別人的付出不一定能達到效果，也不一定能將事情完成，這時應從「只問動機，不問成果」的方向來思考：他人的付出就是愛的表達，要感恩在心，而不是只看結果才去感謝，這是價值的判斷。

二、說故事的魅力

相傳古時候，有個國王痛恨女人，發誓每晚跟一個女子結婚，但到天亮就將她處死。這樣持續了三年，最後民間已找不到女人和國王成婚。宰相的女兒不忍看到這種情形，於是不顧父親反對，自願嫁給國王。當晚她對國王講故事，但天亮時故事還沒講完，就故意不講；國王為了聽見故事結局，只好暫時不殺她。第二晚，她再對國王說故事，但說到精采處，又因天亮了而停止。如此日復一日，她的故事無窮無盡，直講到第一千零一夜，終於感動了國王。

《一千零一夜》的故事，由宰相女兒夜復一夜地講出，挽救了自己和人民的性命，也挽救了國王的人生，這是故事的力量，我們也可以運用「故事力」，讓作文變得更吸引人。

故事作文

我們將故事行銷的靈感，帶入作文中，這是一種親切、生動、有吸引力的作文方法，可以讓你的文章更容易打動閱卷老師的心。

每年的考試作文，其實很重視「故事」的表達，像學測的作文題目「雨季的故事」，就表明要你寫「故事」，有時題目會要我們根據題目提供的故事開頭進行續寫。而指考的「想飛」更是一個充滿想像力的作文題目，提示說明：「你是否想飛？你想飛翔在什麼樣的國度？」這類命題都需要同學寫個有想像力的故事。

會考作文的考試方向是向學測、指考作文看齊，同學應多加訓練創造故事的能力。

打破作文障礙

寫作文常見的心理障礙，就是遇到沒有親身經歷的題目，同學就會絞盡腦汁，思路「卡住」，寫不出完整的文章，或是只能寫出貧乏的內容，原因就是許多同學認為：沒有相關經歷就寫不出來。

其實同學應該把每一篇作文都當成故事來寫，如果你能改用說故事的方式作文，就容易讓讀者接受。

「寫作文就是在說故事」，如果你幸運，遇到有相關經歷的題目，就可以「說自己的故事」，但倘若沒有相關經驗，那就「說一個虛構的故事」吧！

抱著「寫故事」的心態來寫作文，就能打動你的大腦，使靈感源源不絕，你和作文沒有距離，自然地去除心理障礙，變得容易下筆。

「道聽塗說」編故事

以下提供幾種方法，透過簡單的訓練，同學就能養成寫故事的能力。

㈠描寫畫面

影片所以生動，就是因為能呈現畫面，我們運用文字也能描繪出一幅清楚的圖畫。首先，腦海中要先有畫面，然後照著畫面將細節仔細地描述出來，就能寫出故事的感覺。

【遊戲場】用你的想像力，幫自己先在心中看到那幅景象：想像你坐在早餐店窗口，看著街上從容行走的路人，忽然天色改變，一張廣告傳單被吹到你面前，緊黏在窗戶上，遮住了你的視線……。

早晨，我一個人坐在早餐店安靜的吃早餐。從透亮的玻璃窗往外看，剛才還明淨的天空，現在卻滿是烏雲，重重疊疊密布在灰色的天空，沉沉的，幾乎快要壓到地面。跟著，風也揚起了，街道上吹來一張廣告傳單，它在半空迴旋飛舞，忽然啪地一聲，緊黏在玻璃窗上。雨就要下了！

運用描寫技巧，文字就成為畫筆，將畫面裡的事物、動態、靜態景象寫下來，你的文字就會很自然、精準地呈現想像中的故事場景。

(二)擴大聯想

先有一句話，讓這句話成為文章的主旨，再根據這句話編寫故事，這是將思維從中心點（主旨）向外擴大的方法，過程中需要聯想力。

【遊戲場】從月亮想到某件物品，從物品想到某人，然後用上述線索編個故事：

每晚我往天空一看，就看到浪漫的月亮正對著我微笑。我覺得月亮像顆橘子，又圓又大，淡淡的橘色，嚐起來酸酸甜甜的，讓我感受到幸福的滋味。此刻，我腦海浮現一個人影，就是四歲的表妹，她邊吃橘子、邊唱著：「好吃的橘橘我愛吃。」甜蜜的歌聲帶來許多童年的回憶。

這個故事可以是真實的經驗，也可以是虛構的，最後再加上一段感想，就是完整的文章。

㈢故事的故事

故事中有故事，是《一千零一夜》的特色，書中每個角色都有自己的故事要說，作文也可以在寫故事時，再編進一個小故事，或者引用一個相關的故事，就像俄羅斯娃娃，每個娃娃裡總是還有個更小的娃娃。

【遊戲場】主角玩火燃燒樹葉，結果葉子被風吹起，火燒到主角的手臂，也燒傷欒樹，後來主角的母親說了欒樹的故事來安慰她：

看著被火紋過的手臂，我唏噓不已，從前充滿彈性的肌膚，已如風乾的蘋果，於是我總在衣服外面穿上長袖外套，企圖掩飾醜陋。有天，我驚訝的發現窗外那株和我同時被火紋身的欒樹，竟然再度恢復青蔥，媽媽就告訴我一個故事：「欒樹傳說是個愛美的女孩，最害怕冬天。冬天時，欒樹所有的花和葉都會凋謝，讓她看起來很憔悴，但她總是鼓起勇氣等待春天。」我看著手臂上的傷痕，彷彿領悟到了什麼。

故事中有故事，一個故事發展成兩、三個故事，彷彿透過三菱鏡來看世界，可以在文章照見各式各樣不同的面貌。

在資訊充斥的時代，人們最需要的就是感動人的故事，猶如炎夏的一抹清涼、沉悶中的一點樂趣，具有滲透力和感染力，沁人心脾。不論你寫的是虛構，還是真實的故事，都要打破「寫實」的迷思，讓作文打動大腦、也打動人心。

（原刊於《幼獅文藝》第六七四期）

小結

作家蔣勳說：「文學家的文體恰如畫家的筆觸，像梵谷、米勒、塞尚、達文西，他們的畫有他們的筆觸，如果把名字遮住，你仍能知道這是誰的畫作。」透過文體，我們學習作文的各種表達方法，同時，也展現了自我。

會考作文的四大文體，分為記敘、議論、抒情、應用，本書為文體歸納出特性和解題方法，這些技巧可以幫助同學因應不同的題型。以下將針對文體進行解說，讓同學掌握文體的寫作技巧，在考場能快速的找到應考之道。

參

愛說故事的記敘文

· 一、記敘的要領
· 二、段落結構
· 三、記敘文的種類
  (一)寫人
  (二)記事
  (三)狀物
  (四)寫景
  (五)記遊

柳敬亭說書

南京有個說書人，叫作「柳麻子」，他那黃黑的臉長滿了瘡疤和疙瘩，總是悠閒懶散、不修邊幅的模樣，他擅長說故事，十分受歡迎。

我曾聽他說過《武松打虎》的故事，但與《水滸》的描述不太相同。他敘述時對情節作的描寫非常細膩，又絕無冷場，而且剪裁適當，簡直比讀原作還精彩！他說書的聲音有如巨鐘，說到高潮時，還會大聲叫喊，震得房屋像要崩塌了，氣勢驚人。他也能注意情節細微的地方，並且著力渲染。

柳敬亭有一些「習慣」，就是一定要等主人靜靜坐著聽，才要開口；如果發現旁邊的僕人講悄悄話，或是有聽眾打哈欠、伸懶腰，他就不再說下去，誰都不能勉強他。如果到了深夜，你能擦乾淨桌子，挑好燈芯，靜靜的用素淨的瓷杯送茶給他，他才會緩緩說著故事。那聲調或快或慢，或輕或重，或斷或續，或高或低，說得切合情理，精彩生動，倘若世上所有的說書人聽見了，恐怕都會驚歎得瞠目結舌呢！

這是明代張岱寫的〈柳敬亭傳〉，介紹了說書人敘述的技巧：描寫細膩、剪裁適當，又能注意聲調和眼神，給觀眾生動的印象；而記敘文正如愛講故事的「說書人」，以「敘述」為表達方式，同時也兼顧了生動的描寫。

記敘文是使用頻率最高的文體，也是考試常出現的題型，寫法就像我們平常講一件事情或是說故事，先有開始，中間有經過，最後才是結果（也可以倒敘），通過敘述事件的起因、發展、過程和結果，對人、事、時、地、物作全面的介紹。

要注意的是，會考作文多用記敘文書寫，要同學寫出個人的經驗，但並非將所經歷的每件事都寫下來，還是需要經過篩選的。好比海邊捕魚的漁夫，撒下網子能捕獲很多魚，但如果抓到不需要的魚，就會將牠們放回大海，寫作時也要「抓住重點來寫」，寫出令人印象深刻的部分。

一、記敘的要領

寫記敘文首先要選最熟悉的材料來下筆，盡量從自己的生活經驗找靈感，才容易寫得真實，平日應該多觀察、多思考、用心生活，關心周遭的人、事、物，考試才有材料可寫。

不管是電影還是小說，都要具備時間、地點、人物、事件等要素，寫文章也一樣。此外，除了力求真實，字裡行間也要有特色，多運用描寫、論證和修辭，讓文章生動有變化，才能引起閱卷老師的注意，可參考系列作《會考作文拿高分，看這本就對了！》。撰寫記敘文要把握幾項重點：

1. **主題鮮明**：主題是文章的靈魂，作文一開始就選定獨特的主題，再根據主題寫出切合的內容，就是奠定後面鋪陳的基礎。如「我最快樂的事」，主題是「快樂」，後面的內容就要圍繞著「快樂」來發揮。

2. **層次清楚**：傳統水墨畫的漸層表現出朦朧美，比起一團黑黑的墨漬更具有美感；同樣，文章內容的先後順序也要清楚，段落的位置要有適當的分配，才能表現敘述的條理和邏輯，使讀者容易閱讀。

3. **內外兼顧**：我們常聽說一個人除了外表美麗，內在也要有美好的品德和內涵，才是內外兼顧；而文章除了追求文字技巧的形式美，內涵意蘊也要深刻，寫出敘事以外的人生體悟與看法，文章的價值才會提高。

4. **真實呈現**：用記敘文能描繪事物的特徵和狀態，如芒果的外表，就是靜態呈現；如果是敘述事物的變化和發展，像上課的經過，則是動態表現。不論哪一種，都要能夠忠實反映事物，寫事件時恍如歷歷在目，寫人物則栩栩如生，記遊彷彿身歷其境，這樣才能給人真實感。

二、段落結構

要寫好記敘文，必須有很好的敘述邏輯和時空概念，按照事情的發展順序來安排段落，文章的結構就會一目了然。一般記敘文的段落安排如下：

段落	一	二	三	四
內容	點出起因	發展過程	高潮轉折	結果感想

事情的發生，就是文章的起點，點出起因，才能讓讀者了解後面鋪陳的內容，掌握事件的發展。簡短、扼要的帶出事件的起因，就能讓讀者進入狀況。

接著，開始鋪陳事件的經過，這是文章的主體，也是最精彩的段落，所以選擇的事情一定要具有代表性，敘述也要集中焦點。等寫到事情（情節）的轉折時，就再另起一段來詳細敘述，可以使文章呈現高潮起伏的效果。

最後，一定要交代事情的結果，包括人物和事件的結局，如果沒有交代結果，文章就會「有頭無尾」。除了結果，還可寫出你的想法和看法，也可以加入感想、希望、祝福等，以表達自我或對是未來的期盼。

三、記敘文的種類

考量國三同學的年齡，會考寫作測驗的命題範圍，是以同學的學習和生活經驗為主，像「當一天的老師」和「那一刻，真美」，題目並不難。不過從生活經驗找材料，容易寫出「泛泛之論」，使得每個人的作文都是「英雄所見略同」，而無出色之處。

其實，只要同學用心體驗生活，細心觀察周遭的事物，發揮想像力展現創意，再運用特殊的觀點，就能將取材由日常生活，擴大到個人的成長和體悟，寫出深刻而特殊的內容，當別人都寫「在夏天吃冰」時，你卻能寫出「夏天鄉間的景象和感動」，而博取閱卷老師的青睞。

目前會考寫作測驗的命題，以引導式作文為主，文體多讓同學自由發揮，因此最好能視文章需要，將記敘、議論與抒情穿插使用。同學應該先掌握個別的文體寫法，再追求融合運用，就能在考場應付自如。以下將記敘文分為：寫人、記事、狀物、寫景、記遊五種，詳細說明：

(一)寫人

以「人物」為主角，通過對人物的身世、經歷或事跡的介紹，突出人物的形象。如〈王冕的少年時代〉，開頭以「嶔崎磊落」寫王冕的胸襟，再透過家境貧困、孝行，以及好學不倦的精神，從各方面表現王冕的人格，讓讀者有完整的認識。

所以寫人不是只寫外貌就可以，還要進一步從行為、環境、性格、心理和語言等各方面來描述。寫人物可分為外在和內在，外在包括外表、行為、環境與語言，內在包括性格與心理，不必要求一定要面面俱到，但是要盡量做到內外兼顧：

1. **外表**：外表是我們給人的第一印象，要寫好人物，必須觀察特徵，學會描摹，舉凡長相、身材、服裝、表情，都要具體刻畫，才能把人物描繪得栩栩如生。如魯迅的〈孔乙己〉，將孔乙己的膚色、皺紋、鬍子、穿著的特別之處，細膩的寫出來，孔乙己就這樣活生生的「現形」了：

> 孔乙己是站著喝酒而穿長衫的唯一的人。他身材很高大；青白臉色，皺紋間時常夾些傷痕；一堆亂蓬蓬的花白鬍子。穿的雖然是長衫，可是又髒又破，似乎十多年沒有補，也沒有洗。

2. **語言**：「聽其言，觀其行」，語言就是「對話」，能忠實反映人物的內心，所以必須符合人物的身分。此外，讀者也能從語言了解情節，如下面九十一年第一次基測考題，兒子是聽不清楚而問，女兒是幸災樂禍，老媽是在責備老爸，只有「老爸」是真正有疑問，你答對了嗎？

> 準備餵小狗吃飯的老爸：「誰吃了我放在餐桌上的狗罐頭？」兒子大驚失色：「你說什麼？」女兒幸災樂禍：「誰叫你嘴饞呢？」老媽氣急敗壞：「你怎麼把狗罐頭隨便亂放呢？」以上對話中，誰的話是真正在表達心中的疑問？（答案是「老爸」）

3.**行動**：行動就是「行為」，是人物思想的具體展現，仔細觀察人物的行為，會比起從說話更容易了解他，也才能咀嚼出蘊藏在背後的意義，這就是「行為心理」。如《水滸傳》的「魯智深拳打鄭關西」，用拳腳動作配合語言，寫出魯達的武藝，並襯托那股無形的氣勢：

鄭屠右手拿刀，左手便來要揪魯達；被這魯提轄就勢按住左手，趕將入去，望小腹上只一腳，騰地踢倒在當街上。魯達再入一步，踏住胸脯，提著醋缽兒大小拳頭，看著這鄭屠道：「酒家始投老種經略相公，做到關西五路廉訪使，也不枉了叫作『鎮關西』！你是個賣肉的操刀屠戶，狗一般的人，也叫作『鎮關西』！你如何強騙了金翠蓮？」

4.**環境**：人物周圍的環境，如先天的生長、居住環境，或後天的生活和工作環境，往往能反映出個性。白先勇的〈冬夜〉，從主角余教授的居住環境，破舊的榻榻米、屋內的霉味，將他清苦的傳統書生形象，生動的襯托出來：

余教授棲住的這棟房子，跟巷中其他那些大學宿舍一樣，都是日據時代留下來的舊屋。年久失修，屋簷門窗早已殘破不堪，客廳的地板，仍舊鋪著榻榻米，積年的潮溼，席墊上一徑散著一股腐草的霉味。客廳裡的傢俱很簡陋：一張書桌、一張茶几。一對襤褸的沙發，破得肚子統統暴出了棉絮來。

5. **性格**：只要運用形容詞，寫出人物的個性特質，形象就會十分鮮明。直接的形容像「豪放爽朗」，需要想像的像「皮笑肉不笑」，都能讓人物活了起來。張愛玲〈金鎖記〉，就將曹七巧那瘋狂和刻薄的性格，藉著幾句形容如「一個瘋子的審慎與機智」、「割著人像剃刀片」，描述得十分生動：

七巧有一個瘋子的審慎與機智。她知道，一不留心，人們就會用嘲笑的，不信任的眼光截斷了她的話鋒，她已經習慣了那種痛苦。她怕話說多了要被人看穿了。因此及早止住了自己，忙著添酒布菜。隔了些時，再提起長安的時候，她還是輕描淡寫的把那幾句話重複了一遍。她那平扁而尖利的喉嚨四面割著人像剃刀片。

6. **心理**：人內心深處一直渴求被了解，正如花朵需要陽光照射，認識人的內心，才算真正認識他。描寫心理，就是將人物內心呈現出來，著重描寫思緒轉折，藉此揭露他的內心世界，使讀者對人物印象深刻。歌德《少年維特的煩惱》，寫出主角面對暗戀的女子時，既緊張、又心動的心理：

每當我的指尖無意間碰觸她的手指，每當我的腳在桌子底下輕碰她的腳，我的心就會漾起一陣激動！我避之唯恐不及，就像碰著了火似的。可是一種神祕的力量又在吸引我過去……我真是心醉神迷了。

7. **思想**：指一個人的想法和念頭，寫文章能寫出人物對生活、人生、事物的看法，就會顯現出人物的思想，也是表現人物內在的一種方式，可以使讀者認識人物的想法和思考。徐志摩〈我所知道的康橋〉，就是寫出他對生活的看法，表現思索的深度：

我們抱怨我們的生活，苦痛、煩悶、拘束、枯燥，誰肯承認作人是快樂？誰不多少地詛咒人生？但不滿意的生活，大都是由於自取的。

小祕訣

1. 外表→性格→思想
2. 心理→思想→行為
3. 語言→行為→性格

1. **外表→性格→思想**

是「由外而內」的先描寫人的外表，點出性格特徵，最後藉著敘述事件，總結成人物的思想。

以「一張舊照片」為例，開頭寫「外表」，將原住民孩子的相貌特徵、服裝、身材，具體刻畫出來；中間從外表反映原住民孩子的倔強，表現在對棒球運動的熱情；最後從對棒球的熱情，延伸到「棒球夢」，由外而內將「照片裡的人」完整介紹出來。

照片裡的人都長大了！他們身上穿了白底藍邊的棒球裝，毫不掩飾臉上沾滿的汗水和灰塵。他們頂著清一色的小平頭和發亮的褐色皮膚，顯現出在豔陽下辛苦磨練的成果；那明顯的顴骨、高挺的鼻梁和深陷的眼眶，以及同樣立體而倔強的唇形，在在都透露出這些部落裡的孩子們，如何執拗的延續著臺灣人的棒球夢。

2.心理→思想→行為

透過心理描寫來反映人物思想，然後表現在行為，是「由內而外」的寫法。心理變化常常在瞬間發生，要能敏銳的捕捉出來，化為文字。

以「一件後悔的事」為例，開頭先勾起回憶，帶出後悔的事；中間寫事情的原由和經過，及主角情緒的變化、交代事情的結果；最後寫自己的啟悟和感想，以及未來在生活和行為上的改變。

童年時，曾發生一件令我後悔的事，那懊悔的心，就像滾雪球一樣，時間久了，最後成為深深的內疚。記得那天是愚人節，我在學校到處找人捉弄，忽然看見前面有個盲生拿著手杖慢慢走。我超前幾步，撿了許多大石頭排成一列擋在他前面，然後躲起來看。「啊！」只聽見盲生跌倒發出的慘叫聲，我卻蹲在地上快樂的大笑。忽然，我發現那對毫無光彩的眼睛，緩緩的留下兩行淚。我興奮的心情，頓時轉為極度的羞愧，為了遮掩羞愧，只好迅速的逃跑。每當想起這件事，我都會陷入後悔的情緒裡，從此以後便改變自己，不再惡作劇了。

3. **語言→行為→性格**

博學的人出口成章，粗魯的人出言不遜，語言可以表露人的性格，如果搭配動作和表情，就更能完整的呈現性格，同學可以一邊描寫人物的語言，一邊描寫行為。

以「我心中的偶像」為例，開頭先點出人物的身分；中間藉著印象深刻的事情，寫出他的言行，但你所描寫的語言和行為，要符合「偶像」的條件；最後，寫出他的言行帶給你的影響。

天空雷鳴電閃，劃破了寧靜的夜，他突然睜開眼睛，向空中伸出拳頭，神情嚴肅，又帶著怒氣似的垂下了手，於是，一個偉大的靈魂從此安息，

「他」就是我的偶像——貝多芬。當貝多芬知道自己患了嚴重的耳疾，仍然積極創作，他曾說：「我決心掃除一切障礙，我相信命運不會拋棄我，我要扼住命運的咽喉。」而當他耳聾時，他說：「我要向我的命運挑戰。」這些話語深深的影響了我。從貝多芬身上，我看到了另一種人生態度，是對音樂的熱情，以及對命運永不認輸的堅定。聆聽貝多芬的音樂，與他進行靈魂深處的對話，我將擁有一顆純淨的心。

題目：我最難忘的人

說明：在你的記憶深處，是否有個身影常在你心頭縈繞？這個人曾對你的生活、人生觀或行為產生了影響，也許是你的親友，也許是個陌生人，讓你印象深刻。請詳細介紹這個令你難忘的人，並敘述關於他的事，以及他帶給你的影響。

（模擬試題）

我最難忘的人

烈日當空，她踏著最知足的腳步，緩緩的伸出右手指著腳下的這座山，裡面有輪胎、鐵器、吃剩下的食物、便當盒、汽水瓶等等，陣陣的酸臭味從山腳一路飄上來，在中午太陽的曝晒下，更蒸發出濃濃的腥味。我站得遠遠的不敢靠近，只聽她笑著說：「我就是這樣一步一彎腰，整天在垃圾堆裡撿紙張！」說這話的人，就是我最難忘的廖婆婆。

就在垃圾處理場附近，有個小小的鐵皮屋，雖然靠近大馬路，每天都有幾十輛揚起灰塵的卡車經過，但鐵皮屋總是大開著門，不怕灰塵和陌生人的窺探。房子很小，裡面的物品卻放置得整整齊齊，只有門旁邊的一捆捆紙張和一大袋鐵罐，顯得有些凌亂，以拾荒維生的廖婆婆就住在裡面。這天，我經過這個小鐵屋，看到大門緊緊關著，門口已經堆了厚厚的落葉和灰塵，看起來有些寂寞，不禁想起以前上學時，看到廖婆婆頂著大太陽工作的景象。

廖婆婆在我們這個社區相當有名，幾乎每個人都認識她，主要是因為她的個性開朗，雖然每天得屈著老邁的身體，不管是否刮風下雨，都要在垃圾場裡「挖寶」，長時間的工作才能有一頓溫飽，但廖婆婆卻從來不怕辛苦，她覺得年紀大了，又是一個人生活，如果不工作，不但不能養活自己，還很容易生病。更讓人佩服的是，婆婆是個自尊心很強的老太太，每當有好心的鄰居想拿錢給她，她就會笑著說「不」，她很堅持要靠自己的能力討生活。廖婆婆不怕艱苦的忍耐力及自尊自重的個性，令我深深佩服！

今天上學，我又經過這間小小的鐵皮屋，在早晨的陽光下，鐵灰色的房子卻有些陰暗，我不禁懷念起那個佝僂的身影，雖然廖婆婆在不久前過世了，但她那開朗的笑容，一定會永遠長留在我的心中。

詩佳老師說作文

1. **審題**：作文要緊扣「難忘」的主題來發揮。從說明可知，寫作對象不限於和你親近的同學、師長、親友，即使是個陌生人，只要他令你印象深刻，對你產生了影響，就可當作文章的主角。

2. **開頭**：使用寫人法，從人物的對話、動作、個性、情感、思想等開始寫起，描述日常生活熟悉的言行，令人覺得親切。主角先懸疑的不明講「垃圾山」，讓讀者慢慢發現寫的是拾荒老人，又用老婆婆的對話和動作描寫她的形象，使人物的形象鮮明。

3. **段落**：用了起興法，先敘述眼前所見的景物，然後引渡到要說的事物來，通常是觸景生情或由物來動情。主角先描述眼前的鐵皮屋，將屋裡、屋外的景象描繪出來，並放置線索，以連接到後面老婆婆去世的事。另外再從描述老婆婆工作的情形和拒絕借貸，表現她的勤奮和尊嚴。

4. **結尾**：運用懷念法，藉著對主題的人、事、景、物的回憶，抒發想念的心情，能使結尾產生餘韻不絕的效果。最後回到眼前的鐵皮屋，用對比手法寫出耀眼陽光下陰暗的房子，表現主角心情的低潮，表達對老婆婆的懷念之意。

結構：寫人法 → 起興法 → 懷念法

(二) 記事

我們常說，一個人講話要有條有理，記敘文便是有條理的敘述事情發生的前因後果，加上具體的描寫，呈現事件帶給我們的意義。記事最重要的是脈絡清楚、條理分明，事情發展的先後，必須按照次序來寫。

一篇文章可以寫「單一事件」，也可以同時寫「多個事件」。單一事件以情節的發展為主，可以專注的把一件事寫得細膩而完整。

如果要寫多個事件，就要考慮這些事之間的關係，可用「場面描寫」來聯繫事件，寫法是在記事之後，夾入場面描寫，接著再切換到另一個事件，就能同時敘述好幾件事，使文章的氣氛變得熱鬧。

同學應選擇親身經歷的事來寫，感情才能真摯；如果沒有經驗可寫，就自己想像和編造，或將他人的經驗當成自己的，一樣可以寫得真實。敘事方法有順敘、插敘、補敘、倒敘四種：

小祕訣

1. 順敘：起因→經過→結果
2. 插敘：起因→經過→片段→經過→結果
3. 補敘：起因→經過→（結果＋片段）
4. 倒敘：結果→起因→經過→結果

1. 順敘

敘事時要按事件發生的先後順序，像攝影機的鏡頭由近及遠，將事情從頭到尾寫完，讓讀者掌握整個事件。

以「一個感人的故事」為例，開頭先用順敘法寫出故事的前因；中間寫故事的經過，舉出具體事實來說明，必須是「感人」的，再交代故事的結局；最後寫出心裡的感觸。

　　四川大地震後，救難隊在倒塌的房屋中，發現一位死去的女子，她整個人弓著，兩隻手扶著地面支撐身體，已經被壓得變形。就在救難隊抬起女子時，隊長突然大聲喊：「有個孩子還活著！」所有人努力的把手伸進女人的身體下摸索，小心翼翼地把砂石清開，果然在下面發現一個嬰兒，因為母親用身體擋住石塊，孩子竟然毫髮無傷，安靜的睡著。隨後，醫生在嬰兒的衣服裡發現了一支手機，他下意識看了螢幕，上面顯示一條簡訊：「親愛的寶貝，如果妳能活著，一定要記住我愛妳。」這時，已經見慣生離死別的醫生竟止不住淚水，而在場每個人也都為之動容。當我讀到這個故事時，心中的激動也是難以言喻，那是多麼偉大的愛！能令一位母親用生命來守護愛子。

2. 插敘

有句話叫作「天外飛來一筆」，很適合形容插敘法。它的寫法是：當我們記敘一個事件還沒寫完，就突然插進一段與前文相關的事件，等這個片段的事件敘述完，再接前面未完成敘述的主要事件，繼續寫下去，最後交代結果。可以增加文章的精彩度，所插入的事件，也可以烘托主要事件。以「一場意外」為例，開頭敘述意外發生的原因和情境；中間描述意外發生的過程，並插入一段與意外有關的事情，描述剛開始騎馬的情形，來烘托作者後面失敗的感受，再交代意外造成的後果；最後，寫出從這場意外得到的體悟。

我坐在馬鞍上挺直背脊，將雙腿快速的一伸一縮，這個姿勢讓我看起來忽高忽低的。終於，我漸漸抓準馬兒跑步的律動，身體的高低也能和馬兒配合得天衣無縫，我非常得意，就學起從電影看來的動作，將兩條腿用力一夾，「嘶！」馬兒痛得長聲哀鳴，竟然人立了起來，把我用力的拋在地上，這是我第一次在沒有教練的陪伴下獨自騎馬。雖然已經練習了整整兩個禮拜，但跨上馬背時，還是緊張萬分，只能沿著柵欄慢慢騎，滿心想盡快的馳騁在原野——然而現在我痛得躺在地上。這一場意外，讓我整整休息了兩個禮拜。經過這次的教訓，我明白學習任何事情都要循序漸進，等我的技術純熟了，自然能在馬背上駕馭自如。

3. 補敘

在敘述事情的經過時，還有幾件相關的小事先不說明，而是在交代結果時才補充，可以讓結局更精彩，事件更完整。另外，如果同學在考試時寫到最後，才發現有漏寫或不完整的地方，就可用補敘法補救，這是考試應變的小撇步。

有個「懸疑法」和補敘類似，是在敘述事件經過時，故意不寫某些情節，隱藏線索，到最後才逐步補充、揭示真相，使讀者恍然大悟，製造驚奇的效果。

以「遺失記」例，開頭寫東西遺失和作者的緊張心情；中間寫尋找的經過，但主角發現周遭有不尋常的氣氛和跡象；最後寫找到物品，並揭示真相。

才踏進教室，我就興奮的趕到座位，準備享用今天的午餐。今天是我的生日，媽媽特地為我準備美味的便當，裡面有我最愛吃的滷肉、豆干和雞腿，連米飯都選用池上米，想到那白色晶瑩的米粒和淡淡的米香，就令人垂涎三尺。但當我來到座位，卻發現便當不翼而飛，那盒用粉紅緞帶綁著的白色便當，究竟到哪裡去了呢？我發現同學帶著詭異的目光看我，教室瀰漫一股不尋常的氣氛，勾起了我的懷疑。我有如熱鍋上的螞蟻，在教室東翻西找了十分鐘，終於在老師的講桌抽屜縫，發現粉紅色的一角，果然便當正安穩地躺在抽屜裡。我知道一定是有人將我的便當藏起來，正要大聲質問時，忽然聽見：「祝妳生日快樂！」全班同學大聲叫著、笑著，拍手為我唱生日歌，這真是一個令我難忘的「生日禮物」！

4. 倒敘

為了要滿足讀者的好奇心，有時我們可以先交代事情的結果，再從事情的開頭，按照先後順序進行敘述，最後再交代一次結果和感想，使文章成為完整的「圓」。

倒敘法可以造成懸念，增強文章的吸引力，如果同學能用心設計，將倒敘法作為文章的開頭，就能吸引閱卷老師的目光。

以「最喜歡的一堂課」為例，開頭寫出對這堂課的喜愛之情；中間寫課程的開始和經過，並描寫教室內的氣氛，接著寫這堂課結束時的情況和同學的反應；最後，說明你在這堂課得到的收穫。

我最喜歡的一堂課，就是第一次上打擊樂，當課程結束時，我有一種身心解放的感覺。記得第一次上課，我一進入教室，就被那些三角板、非洲鼓等西洋樂器給深深吸引，彷彿有股魔力令我想要敲擊它們。老師先拿出幾個杯子排成一列，在杯子裡加上高度不同的水，讓我們拿自己的筆輕敲，不同高度的水，便產生出不同的音高，立刻就引起我們的興趣。接著，老師要大家將練習板圍成一個大圓圈，讓我們邊敲邊走，輪到我敲三角板時，我好緊張，差點就忘記拍子而亂敲起來。這堂課結束時，大家都感到意猶未盡，只想繼續沉浸在迷人的音樂裡，不想回家。學習打擊樂，讓我能盡情解放身心，消除壓力，還讓我開始想要創作音樂，我一定會持續的學習下去。

題目：一件有意義的事

說明：在你的生活中，有沒有親身經歷或是看過什麼事，讓你覺得很有意義？也許是見到小孩扶老人過馬路，也許是你去育幼院當一日義工。想一想，這件有意義的事帶給你什麼影響？並詳述這件事的經過和你的感受。

（模擬試題）

一件有意義的事

「做善事？有意義！但是做義工？沒時間呀！」「我沒錢、又沒時間，做什麼善事？」「不是不想做義工，只不過……」以往我總有那麼多的理由和藉口，拒絕去做有意義的事。但是這一次，我跟著學校社團「仁愛社」的志工媽媽，前往安老院舉辦一系列的活動，負責陪伴和服務老人，使我發覺行善從年少開始，是多麼有意義的一件事。

當我們抵達安老院時，所有的老人家已經坐在活動中心等候。安老院貼心地鋪上素雅的桌巾，每張桌上都有一只漂亮的花瓶，上頭插了紅色的康乃馨，讓每位老人家能在舒適而充滿美感的環境，欣賞我們的演出。同學們便開始發揮才能，進行精彩的表演了，有的專注的拉小提琴，有的表演華爾茲舞步，就在悠揚的曲聲陪伴下，老人家也忍不住成對成雙的加入跳舞的行列，而留在座位的老人，則微笑著品嘗我們帶來的茶葉，一邊欣賞台上的演出。

接著，我和幾位同學隨著志工媽媽，到了安老院的後院，今天我要一展長才，替老人家剪頭髮。剪髮是我的興趣，媽媽的頭髮都是由我設計操刀的。我熟練的拿著剪刀，對老人家端詳了一下，就開始剪髮。老人家十分友善，一直交代我要小心些，不要割傷了手。**我看著他們布滿皺紋溫厚的面孔，不禁感到心疼，方才我踏入安老院就覺得不舒服，因為這裡的通風不太好，裡面一股悶氣瀰漫，老人家長年悶在這裡，健康情況令人擔心。**剪完頭髮以後，他們都開心的猛照鏡子，稱讚髮型好看，還送上他們親手製作的相框給我們。

安老院的老人將我們當成孫子一樣關心，雖然我們是特地去陪伴他們的，但最後反而讓我們感覺有如被祖父母疼愛。我深深感受到「助人為快樂之本」的道理，體會讓老人得到關懷是多麼快樂！今後的我，會更加懂得關心和付出。離開時，我衷心的祝福這群老人家，都能擁有健康、快樂和不孤單的生活，並期待下次能再來探望他們。

詩佳老師說作文

1. **審題**：題目的關鍵在「有意義」，所以內容要朝正面、善意的方向來寫，你可以寫自己的經歷，也可以寫你看過的、發生在他人身上的事，並運用記敘寫經過，用抒情寫感受，用議論寫對你的影響。
2. **開頭**：使用對話法，利用人物的對話來突顯主題，將題目的主旨突顯出來，製造活潑生動的效果。開頭將主角從前不願意行善的種種藉口，不用敘述的方式寫，而用對話的方式表現，使「藉口」變得具有真實性。
3. **段落**：用了插敘法，在敘述主要事件時，突然把一件相關的事情插進來講，然後再將主要事件的結果說出來。中間寫舉辦表演活動和為老人家剪髮的經過，突又插入主角進入安老院時，感覺通風不好的一段，暗暗點出老人家在這裡生活的辛苦和孤單。

4. **結尾**：運用祝福法，在文章結尾祝福別人或自己，達到預期目標。最後主角祝福安老院的老人，能夠過著較好的生活，也表達下次再來探訪的心意。

結構：對話法→插敘法→祝福法

㈢狀物

「狀」是描摹，就是以「物」作為寫作的主角，或把「物」當作媒介，藉著描摹「物」來寫人或情、景，如唐朝詩人羅隱的〈蜂〉：「不論平地與山尖，無限風光盡被占。採得百花成蜜後，為誰辛苦為誰甜？」藉著寫蜂抒發自己的心情。

「物」可分成無生命的物品和有生命的動、植物，寫法是從物的性質和特徵，找出「物」內含的意義。但無論把「物」寫得多仔細，還是要回歸到「人」的情感，不能只有單純描述物體本身。寫物時，要把握幾項要領：

1. **找出特徵**：抓住物的特徵，最有效的是用各種感官來描寫，以視覺寫外觀、聽覺寫聲音、嗅覺寫氣味、味覺寫味道、觸覺寫觸感。如朱自清的〈荷塘月色〉寫荷花，是用視覺寫荷花的姿態，嗅覺寫迷人的清香，再用聽覺的歌聲寫對荷香的感受：

層層的葉子中間，零星地點綴著些白花，有嫋娜地開著的，有羞澀地打著朵兒的；正如一粒粒的明珠，又如碧天裡的星星，又如剛出浴的美人。微風過處，送來縷縷清香，彷彿遠處高樓上渺茫的歌聲似的。

2. **把握關聯**：除了描繪物的外表，最重要還是物與人的關係。不論是靜態或動態的物，都是由「人」來購買、收受、使用、畜養與製造，所以文章也要針對物與人的關係來寫。像琦君的〈一對金手鐲〉，就由「金手鐲」聯繫自己對兒時同伴阿月的情感和記憶：

阿月已很疲倦，拍著孩子睡著了。鄉下沒有電燈，屋子裡暗洞洞的。只有床邊菜油燈微弱的燈花搖曳著。照著阿月手腕上黃澄澄的金手鐲。我想起母親常常說，兩個孩子對著燈花把眼睛看鬥了的笑話，也想起小時回故鄉，母親把我手上一只金手鐲脫下，套在阿月手上時慈祥的眼神，真覺得我和阿月是緊緊扣在一起的。

3. **運用修辭**：同學要多多運用譬喻、誇飾、轉化等修辭，來增加讀者對物的了解。譬喻可以使讀者聯想到相關的物，使想像更具體；誇飾能將物的特徵放大；轉化則可使我們用其他的角度看物。余光中的〈珍珠項鍊〉，將珍珠比喻為露珠、雨珠和念珠，分別代表和妻子分離的日子和心頭的想念：

每一粒都含著銀灰的晶瑩／溫潤而圓滿，就像有幸／跟你同享的每一個日子每一粒，晴天的露珠／每一粒，陰天的雨珠／分手的日子，每一粒／牽掛在心頭的念珠／串成有始有終的這一條項鍊／依依地靠在你心口／全憑這貫穿日月／十八寸長的一線因緣。

小祕訣

1. 由外而內：外表→功能→意義
2. 物與人事：物→（人或事）

1. 由外而內

無論是哪一種「物」，我們都能從描繪它的來歷、外觀、功能，刻畫出物的內在意義，這是一種「由外而內」的寫法，同時也是觀察的順序，可以如剝筍般揭露物的面貌。

以「我最喜歡的東西」為例，開頭描寫這件物品的外觀和功能，中間敘述得到它的經過和欣喜之情，最後說明這件物品對你的意義。

我最喜歡的東西是一個藍色的陶笛，它橫放時像個海螺，擺正就看出來是個「臺灣」的形狀，上面大大小小總共有六個孔，吹奏的音色輕柔中帶著勁道，彷彿飛揚在風中的絲，飄而不散、柔中有亮。在我小的時候，有一天經過隔壁的商店，忽然聽見悠悠的笛聲，從陰暗的店鋪裡傳了出來，我循著聲音走近一看，才知道是看店的鄰居大哥坐在板凳吹陶笛，我聽出那嗚嗚演奏的是日本曲子「爺爺的老時鐘」，便淘氣的拿起石頭，配合笛聲敲打著奶粉罐，鄰居大哥很滿意我的「伴奏」，就將陶笛送給我了。從此我便對陶笛愛不釋手，勤奮的找曲譜、練指法，每當我吹奏陶笛時，就會想起鄰居大哥的笑容和小時候的回憶。

2. **物與人事**

「人」獲得和使用「物」，「事」則用來說明人與物的互動，所以一篇狀物的文章，一定是人、事、物三者兼具，缺一不可，即使是用擬人法寫物，也會寫到人與物的互動。

以「我最喜歡的動物」為例，開頭先寫最喜歡的動物，形容牠的樣子，帶出和動物之間的往事；中間回想你和動物之間的種種，舉出印象最深的事件來寫；最後抒發你對動物的愛。

我聽到腳邊傳來一陣呼嚕聲，剛開始有點像風吹旗幟的聲音，不久卻越來越響，腦中立刻浮現鐵匠揮著汗、踩著風鼓生火的情景。我溫柔的伸手撫摸腳邊的貓，牠身上披著白色和黃色的毛，當中夾雜著一條條斑紋，遠看像粼粼碧波，近看又成了一道道黃色的火焰。只見小喵一雙寶石般的眼睛半閉半開，看牠閉著眼，好像是睡著了，可是當我的手碰觸到牠，牠立刻抬起頭在喉間發出呼嚕聲，我知道小喵是在對我說：「謝謝你，我愛你！」於是我感恩的縮回手，繼續用不舒服的坐姿看書，不忍心驚動牠，靜靜的享受這人與貓親暱的片刻。

題目：我最喜歡的植物

說明：植物能美化環境，栽花則能培養生活情趣，而臺灣得天獨厚，擁有溫暖溼熱的氣候、豐富多變的地貌，得以孕育出各式各樣的植物。在這麼多的花草當中，你最喜歡哪種植物？請描寫出來，並說明喜愛它的原因。

（模擬試題）

我最喜歡的植物

是誰最早將春天的信息捎來給人們？有啁啾的鳥兒，還有在早春以黃嫩嬌色站上枝頭的迎春花。但你可能忽略，除了鳥語花香，還有小草無聲的從大地之母的懷抱探出頭來，搖曳著鮮綠色的身體，迎向美好的春光——新的一年到來了！那被人遺忘的小草，就是春天的使者，也是我最喜歡的植物。

小草其實不小，它那堅強的韌性和向上的精神，是相當驚人的。風起的時候，小草把頭搖一搖，不為所動，等到風停時又挺直了腰；大雨來的時候，小草彎著單薄的背，讓雨澆在身上，等到雨停了，它就抬起頭來站穩腳跟，像從沒有經歷風雨似的，立志要長高。小草真的是不小！而小草那翠綠柔嫩的身體，也彷彿能讓人看見希望，不論處在多麼惡劣的環境，生長在貧瘠的土地或冰天雪地的山頂，小草總能以柔弱戰勝艱困的摧折，頑強地生長著，用自己的根緊緊的站穩在這片土地上。

記得我剛進入國中就讀，因為不能適應考試的競爭，使得我入學時的那份雄心壯志，在一次又一次的考試中被消磨殆盡。我當時感到非常沮喪，我想，在這許多優秀的同學之中，我只不過是一株平凡的小草，容易被人忽略，春天從來不是屬於我的，從此便封閉了自己。直到有一天，當我經過學校的水泥牆，看到一株小草露出尖尖的芽，正奮力地鑽出水泥，我終於了解到：只要堅持不懈，小草也能擁有自己的天空！於是我的身邊再度充滿了朋友，成績也一天天好起來了。

我最喜歡的植物就是小草，從小草身上，體會到不論遇到什麼困難，也要自在、自信的生長，並秉持奮戰到最後一刻的精神。小草啊！我讚美你，你從不以色彩來裝點自己，你總是無聲的抵擋風雨，我願意做個樸實而堅毅的小草，克服種種困難來迎向春天。

詩佳老師說作文

1. **審題**：除了描寫植物外觀，還要寫出栽種或欣賞植物時，對你產生的影響。如果能點出植物的作用，並以此來比喻自己，就更能成功的將植物與你，結合在一起，寫植物就是在寫自己的心路歷程。

2. **開頭**：使用問答法，就是設定問句，接著回答來引出主題。分為只問不答的「反問法」，和自問自答的「問答法」，本文用的是問答法。主角在開頭用問句勾起讀者的好奇，並顛覆一般以花或鳥來迎春的思考，將小草當作春天的使者，間接提升小草的地位。

3. **段落**：用了特寫法，針對主題的人、事、景、物的特點，詳細的加以刻畫或描寫，給讀者深刻的印象。對小草的外表如顏色、柔軟的特性，及小草在風雨中的種種動態，用特寫的手法，描繪得十分細膩，又用逆向思考，說小草原來被視為卑弱，後來見到它奮力鑽出水泥的情景，而啟發頓悟，將植物與人成功的聯繫起來。

4. **結尾**：運用讚美法，針對文章主要的人、事、景、物，根據事實加以讚美或歌頌。最後呼應第一段，強調最喜歡的植物是小草，並對小草擬人化，讚美它樸實的性格，藉此鼓勵自己。

結構：問答法 → 特寫法 → 讚美法

㈣寫景

寫景記敘文主要描寫大自然的各種景物，包括山川江河、日月星辰等靜態的景物，與四季流轉、物換星移和萬物生長等動態的變化。

由於事情的發生和人物的活動，都是在特定的「空間」才能進行，所以不管是哪一類的文章，都會加入「景」來作陪襯，這樣就可以達到營造氣氛、烘托人物的作用，例如寫人物悲傷就用烏雲蔽日，寫闔家出遊就用花海或草原。

透過景物，可以體現文章所蘊含的思想感情，使讀者猶如身歷其境。但如果只是單純描繪景物，就會如同拍照，只是將景物「依樣畫葫蘆」的拍攝下來，卻缺少動人的力量，所以我們必須運用各種感官去觀察、體驗景物的特點，賦予景物「靈魂」。

寫景應掌握以下的要領：

1. **主次分明**：一部影片當中，主角是影片的重點，配角不可能喧賓奪主，作文也是，要在主要段落先描繪文章的「主要景色」，接著用「次要景色」來襯托，就可以讓景物的層次分明。如主要寫摩天大樓，就用旁邊較矮的樓來烘托摩天大樓的雄偉。

2. **由物到景**：「景」就是「物」的擴大，因此在文章勾勒景中的物，透過每個物的位置及排列，就可以串成一幅景致的圖像，就像電影底片是一格一格的，播出時就串成連續的影像。如經由對好幾棵樹木和山的描寫，便串聯成陽明山的風景。

3. **塗抹色彩**：大自然的景致是鮮豔的，所以寫景不能太過簡單樸素，要多運用色彩的比喻與形容詞，如范仲淹詞〈蘇幕遮〉：「碧雲天，黃葉地，秋色連波，波上寒煙翠。」文章的色彩才能豐富而不落俗套。

4. **注入感情**：寫景和狀物一樣，也能「托物言志」，在文章藉著景來寄託作者的感情，寫出內在的心境和感受，才能引起讀者共鳴，使情景交融。如劉長卿〈送靈澈上人〉：「蒼蒼竹林寺，杳杳鐘聲晚。荷笠帶夕陽，青山獨歸遠。」透過寫景，寫出靈澈上人瀟灑出塵的高致，和作者的惜別之情。

小祕訣

1. 景景相連：主景→次景
2. 動靜交織：靜→動→靜
3. 情景交融：景→情→景

1. 景景相連

寫景時，如果景色的焦點有所轉換，必須按照空間次序下筆，焦點的變化才會自然而疏落有致。首先，分出景物的主、次，依文章內容的需要，對景物加以選擇和安排，主要景物細細刻畫，次要景物概括描寫，就可以表現景景相連的層次感。

路旁那枯萎的藤枝、滄桑的老樹和倦飛的昏鴉，形成一副悲涼的景致，一旁小橋底下潺潺不停的流水，環繞著兩三戶人家，呈現出盎然的生機。我牽著瘦弱的馬，在這條古老的小道上漫步，秋風颯颯地襲來。日暮西山，送走一天的倦累，而流落天涯的我，依舊只能一路獨行，思鄉到斷腸。

這是元代散曲家馬致遠著名的〈天淨沙．秋思〉：「枯藤老樹昏鴉，小橋流水人家，古道西風瘦馬。夕陽西下，斷腸人在天涯。」寫遊子的蒼涼之情。全詩以寫景句組成，一幅一幅景象相連的蒙太奇鏡頭，隨著景與景之間的轉換，展現出整體蕭條的氣氛，同時也將空間擴大，使讀者掌握景物的全貌。

2. **動靜交織**

景物的描寫要動、靜交織，不僅要有靜態的背景色調，還要用動態來表現生命的靈動。純粹只寫靜態的自然景物，容易流於單調，如果能加入動態的變化，就可以使景物具有動感。

製造動感的方法很簡單，可以把時間拉長了看其中的變化，也可以添加聲音、動作或動物，讓景物動起來。

如雪的桂花悄然飄落，卻拂不去滿身的春意。幽渺的夜幕低垂，襯托春天山林亙古以來的沈靜。仰頭望月，只見明月冉冉，柔和的輝光映照在沈睡中的山谷，驟然間劃破了黑夜的靜謐，也驚醒了沈睡的山鳥，紛紛此起彼落的在山澗中，驚慌的鳴叫著。

這是唐代詩人王維的山水詩〈鳥鳴澗〉：「人閒桂花落，夜靜春山空。月出驚山鳥，時鳴春澗中。」詩人先寫一片靜景，有無聲的落花、寧靜的夜和空山，接著用月出、鳥鳴等動態事物，來烘托前面的靜景，使得動靜交織，更加反映出山中的幽靜。

3.情景交融

「一山一水總關情」，單純寫景，景物會缺乏生命；如果景中有「情」，就能夠意趣盎然。

雖然遊記的內容在尋幽訪勝，寫的時候，難免將描繪山水的狀貌當作焦點，但如果能寓情於景，情景交融，就能賦予景物「靈魂」，展現從宇宙萬物得到的人生哲理。

就在那百花盛開，煙雨濛濛似霧繚繞的三月天，老友告別我而去，將沿著長江順流而下，東行到揚州。我獨自佇立在黃鶴樓頭，遠望著那艘他所乘坐的小舟，漂泊在滾滾奔流的江水上。不久，那揚起的帆影漸行漸遠，最後成為一個黑點，便孤單的隱沒在青山的那頭了，只剩下長江滔滔的流向天際，而我的思念，也正如江水般綿綿不絕。

這是唐代詩人李白的〈黃鶴樓送孟浩然之廣陵〉：「故人西辭黃鶴樓，煙花三月下揚州。孤帆遠影碧山盡，唯見長江天際流。」詩人內心洶湧的離情，與外在奔流的江水，緊密地交織在一起，表現出依依不捨的送別之情。

此外，為景物加上「象徵」意義，或用譬喻法，也能使情景交融，例如藉景物的沒落寫人事已非的蕭索，能抒發作者內心的感懷。

題目：露營記

說明：露營，是深受國人喜愛的一項休閒活動，可以飽覽風景，又能體驗露營的各種活動，相當有趣！不論是和親友一起露營、參加童軍團的野營，或是畢業旅行時的露營，都能帶給你許多回憶。請敘述一次露營的經驗，描述所見的風景和你的感受。

（模擬試題）

露營記

在接近黃昏的薄暮時分，我們全家在花蓮磯崎海水浴場的營地紮營，那是一片廣闊的沙灘，現在正是退潮，一片金色沙灘在夕陽下顯得明媚動人。遠遠望去，一灣圓弧型的沙岸綿延而去，輕柔的浪花拍打著，激出一串串銀色的花邊，還有幾艘獨木舟宛如閃著白鱗的魚，靜靜地躺在岸邊。

位在花蓮豐濱鄉磯崎村的磯崎海水浴場，是阿美族口中的「加路蘭」，聽爸爸說，早期是作為晒鹽場，目前已開發為海濱遊憩區，可以游泳、玩飛行傘、露營，是夏日戲水弄潮的好地方。我們坐了兩個小時的車，終於來到這裡，本來還有些暈車的我，下車後，頭腦立刻從昏沈轉為振奮，期待著晚上的活動。

終於到了我最期待的野炊時刻，每個人都說好要貢獻出自己最拿手的菜。媽媽的廚藝自然是不用說的，沒三兩下，便端出油亮翠綠的炒高麗菜；爸爸在一旁汗流浹背地烤著串燒，有雞翅、雞胗、牛小排等；我則拿出自己最擅長的「蔥花炒蛋」，雖然只是雕蟲小技，但也得到了長輩們的稱讚。還有阿姨、姨丈、堂哥、表妹等，都獻出他們的「絕活」，大家紛紛扮演食神，一道道香味四溢的菜擺滿了桌子，好一頓豐盛的晚餐！

夜色越來越黑，我們將營火升得非常旺，然後圍著營火坐下。堂哥特別準備好幾首音樂播放，又在一盞大燈旁安排了撲克牌遊戲，於是我們這些孩子唱起活潑的流行歌，而長輩們則唱他們年輕時的校園歌曲，旁邊傳來一陣陣表弟妹們的大笑，還有打賭誰玩牌能贏的聲音。爸爸媽媽忽然手牽著手跳起舞來，大家紛紛放下手邊的東西，也拍手跳舞，大唱、大笑、大叫，歡笑聲充滿了整個沙灘。

當天空繁星密布，我親愛的家人也都進入了夢鄉。四周一片寂靜，只剩下神祕幽暗的海水一波波拍打岸邊的樂音，我就在樹葉隨著微風發出的沙沙細語中，甜蜜的睡倒在浪漫的月光下。

詩佳老師說作文

1. **審題**：題目提供幾個方向寫露營經驗，同學要注意依取材不同，決定書寫的人物和情節，例如和親友露營，就寫出家人團聚的歡樂；和童軍團露營，就寫豐富的營隊活動；畢業旅行的露營，就是和同學師長一起共度時光，除了寫自己，也要將其他人寫進去，營造熱鬧的感覺。
2. **開頭**：使用寫景法，配合作文主旨，純粹寫景，按照景物的型態、顏色、聲音和空間次序，具體的描寫。主角開頭就點出黃昏、磯崎海水浴場等時地，並順序描寫沙灘、沙岸、浪花和獨木舟，使讀者對文章的背景環境，有具體的認識。

3. **段落**：用了故事法，又稱實例故事法。在敘述事件時採用故事或實例，以「說故事」的方式來表達。寫出露營時發生的故事，最高潮的是野炊和遊戲、唱歌時間，並利用聽覺描寫，寫出家人團聚在營地玩樂的熱鬧景象。

4. **結尾**：運用餘韻法，在文章結尾、場面最精彩時打住，留下耐人尋味的餘韻，供讀者咀嚼深刻的涵義。最後描寫營地的夜晚，情景交融的描寫深夜的景象，用擬人法寫主角在樹葉的細語中入睡，使得萬物都變得有情。

結構：寫景法→故事法→餘韻法

(五) 記遊

是描寫旅遊見聞的記敘文，雖然屬於「記敘」，但焦點卻放在「遊」，同學應該隨著時、空的變化，來敘述你遊歷的過程。另外，還要包含自己的「感想」，因為只有通過感想，才看得見你對景物獨特的思考。

遊記還要寫出人物的活動，寫作時要一邊具體的描寫景物，一邊利用事件來穿插，並利用選擇的景物進行賞析，最後抒發所思所想，也就是「景物→事件→賞析→感想」。寫記遊記敘文，要掌握以下的要領：

1. **山水景象**：把沿路所看到的山水景象，細膩的描述一番，有特色的地方不要放過，要讓讀者明白風景的特出之處，透過層次分明的敘述，使讀者能在腦海產生畫面。

2. **風俗民情**：如果參加一些節慶的活動，像是鹽水蜂炮的特殊民俗、原住民獨有的祭祀慶典、西班牙的奔牛節等，各地的風俗民情或生活習慣都不一樣，能在遊記介紹出來，文章就顯得很有特色。

3. **歷史背景**：當你寫到臺南的鄭成功廟，就講國姓爺鄭成功的事蹟；當你寫到成都參觀杜甫草堂，就談杜甫的傳說。寫遊記時把當地的歷史或傳說介紹出來，會使文章具有「說故事」的效果，增加讀者閱讀的樂趣。

4. **生活習慣**：寫出不同地方或不同國家的人，表現在衣食住行的日常生活習慣，也會讓讀者興味盎然。如飲食上，東南亞用手，西方人用刀叉，亞洲人多用筷子；建築上，西方的城堡和中國的宮殿，都各具特色。

小祕訣

1. 定點遠眺
2. 動點多角
3. 隨步推移
4. 隨時推移

1. 定點遠眺

定點遠眺，就是從我們所在的觀察點（立足點），在不移動的前提下，按一定的順序，由遠而近、由高及低、由左而右，將你所看到的景物統統寫進來。

寫作時，把人物的觀察點位置交代清楚，讀者才能將自己代入文章。如「賞花記」，主角站在固定的高處向下遠望，像攝影機一般，把看到的花海、人群、車陣描寫出來，一網打盡，而讀者閱讀時，也能將自己當作主角般觀察事物。

我們好不容易步行到山丘上，放眼望去，一大片條狀的紫色花海橫列在眼前，宛如花仙子的腰帶，點綴著桃紅與白色的波斯菊，加上紫色的粉萼鼠尾草，營造出媲美日本北海道的浪漫風情。旁邊又有繽紛的棋盤花田，部分花田裡白、紫、紅、黃相間的美麗花朵陸續綻放，吸引了許多遊客賞花並拍照。站在這裡，還可以看到遠處一塊塊方型的綠色田野，有幾輛車子正穿過濃密的樹林，徐徐的駛近農場門口，而門口早有許多民眾攜家帶眷，一同來參與高雄縣美濃鎮花季的活動。

2. **動點多角**

從高低、遠近、前後、左右等不同角度，觀察和描寫同一件事物，沒有固定的觀察點，就像拍電影運鏡，可以變換不同的角度和焦距，看遠、看近、俯視、仰觀，變化多端。

描寫的對象只能有「一個」，描寫的角度和觀察點雖然可以改變，但還是要根據事物的特點、敘事的需要和作者的心情，由遠而近、由左及右、由上到下，作有規律的變換，而不是漫無目地的移動。

如「野柳之旅」，作者和妹妹到野柳觀石，從左右兩面及遠、近等不同角度觀察，發現石頭有不同的面貌。

我和妹妹兩人並肩而立，靜靜觀看這塊像極了大猩猩的金剛石。近兩年來，野柳風景區除了消瘦的女王頭，最吸引人的就是金剛石，它的整個形狀和姿態，就和電影「金剛」裡的黑猩猩神似。我們慢慢走近，可以看到有隻黑色的大猩猩，正蜷曲在草地上睡覺，然而當我們到另一面觀賞時，妹妹不禁叫了出來：「左邊好像史奴比！右邊不是一隻拉布拉多狗嗎？」金剛石的另一面又是不同的面貌，看起來就像漫畫裡的史奴比和可魯拉布拉多犬，正熱情的互相輕吻。這鬼斧神工的奇岩怪石，令人目不暇給，只要多用心觀察，就能激盪出無限的想像力。

3. **隨步推移**

就是作者邊走邊看到某些事物，然後將它記錄下來。雖然也是運用動點多角的寫法，但卻是以地點的轉移、空間的改變為主。

隨著作者的腳步移動遊歷，書寫作者經歷的人、事、物，是遊記最常見的表現方式，但因為加上時間、空間的動感，比起動點多角還要更深入細膩，也更能抓住景物的特色。

寫這類文章，要避免變成流水帳，如果不能抓住景物和活動的特色來寫，就會流於表面印象。如「登華山步道」，作者從步道的入口開始，描寫步行的過程當中所見的風景，並穿插自己的感受。

我們站在步道入口，見到一塊大牌子的標示，用鐵鍊圍起來，乍看覺得奇怪，而且入口十分狹小，感覺像是必須穿越過一整片的樹林，才會真正進入步道，給人「柳暗花明又一村」之感。步道的兩旁種滿咖啡樹，我看到了生平的第一朵咖啡花，是白色的，花瓣細細長長，感覺像纖弱的油桐花在風中顫動著。我漫步在步道，經過了一座又一座的石碑，上頭雕刻著臺灣作家的手稿作品，與自然的林木美景相互呼應。又行進了幾公尺後，隱隱約約聽見了水聲，低頭一看，發現潺潺的細流從腳邊經過，穿插著蟲鳴鳥叫，這片人文與自然結合成的美景，更添加了華山的詩意與感性。

4. **隨時推移**

是按照時間的順序，描寫景物在不同時間展現的各種面貌。時序上，可以是年月、季節、時日規律的變化，也可以是人物活動的先後順序，能表現事物在不同時間的景象，使文章呈現動態美。常見的有早午晚、春夏秋冬、幼少青壯老等，也可以調整順序，如春秋、夏冬。

如「淡水的黃昏」，重點在描寫黃昏景色，作者按照太陽西下的時序：「午後→傍晚→黑夜」，描繪出不同的景色，完整呈現淡水河岸景色的變化，最後將情感注入，使得情景交融。

午後的太陽大得讓人睜不開眼，但一陣微風徐徐吹來，又讓人暑意全消。烈日燒炙著水泥，幸好過了不久，湛藍的蒼穹漸漸的轉為銀灰色，落日餘暉成了一抹玫瑰色的暈紅，灑在淡水河面上，閃爍出金黃色的光芒。夕陽把這片寬闊的河水，變成了一張鮮豔的地毯，交織著橘色、紅色、淡紫色的漸層；不一會兒，這張華麗的地毯，就從蒼涼的河岸慢慢消失，天空也迅速的蒙上了黑幕。我不願想起「夕陽無限好，只是近黃昏」那惋惜的詩意，只願意記得方才迷人的暮色，隨著日頭的沈沒，我心中感受的是寧靜的喜悅。

題目：〇〇遊記

說明：每個人都喜愛大自然的美景，所以每逢假日，往往有許多人投身大自然的懷抱，到郊外去踏青、露營，可見旅遊在我們的生活中，是一項重要的活動。想一想，你曾經去過什麼地方旅遊？請描寫遊覽所見的景物，敘述旅遊的經過和你的觀察。

（模擬試題）

白鷺鷥山遊記

眼前這條白色的巨龍在空中翻騰挪移，姿勢曼妙地蜿蜒至大湖公園，消失在湖岸的另一端，那是興建中的內湖線捷運高架軌道，蒼白的龍身是現代化的象徵。我正站在白鷺鷥山頂，鳥瞰內湖四周群山的景色，都市景觀與湖光山色盡收眼底，這裡仍然保有山區的祥和與寧靜，非常適合全家一起登山遊湖。

前幾個月，我和家人攀登附近的白鷺鷥山。本來我以為這座山不高，直到從登山口爬到山頂廣場，大約二十分鐘後，才知道爬這座山對於體力不好的我來說，其實有些困難，才走一半的路程，就開始後悔了，不過等我們登上山頂，我就立刻拋棄這種想法。來到山間，鼻間呼吸的是新鮮空氣，眼中見到的淨是宜人的風景，我想到平日生活在大都市中，絡繹不絕的人潮，擁擠的在柏油路行走，而汽車排放的黑煙正好與天空輝映，呈現無奈的顏色，與眼前美景形成強烈的對比。在白鷺鷥山，我感受的是清明而不染塵俗的氣息，不同於都市的鬱悶。

白鷺鷥山位在大湖公園湖畔，雖然只是一座小山，但緊緊依靠著公園，有山景與湖色作伴，毫不寂寞，而且時常能見到白鷺鷥飛過碧波盪漾的湖面。整個登山步道都鋪設了石階，一路上都能見到茂密的樹木，由於水氣充足，到處都看得到巨碩的大樹，環境相當清幽，簡直就像個仙境，讓人心搖神馳。可惜此時花季已經過去，只有少量的花朵為樹增添姿色，找了很久才發現有一、兩朵小花，夾雜在樹葉之中，顯得有些寂寥。我們走著走著，看到一群美麗的蝴蝶輕跳似的飛過來，我的心情彷彿受到感染，連腳步都不由得輕快起來！

生活中有許多事物，需要我們用心體會，才能感受其中的美，就像我在白鷺鷥山欣賞這裡的一草一木，發掘動人的點點滴滴，體會大自然的恩賜。希望下次再來到白鷺鷥山，能夠見到滿山百花齊放的盛況和累累的果實，將整片山頭點綴得更加美麗，成為內湖人的驕傲與回憶。

詩佳老師說作文

1. **審題**：本題屬於「半開放」題目，要求寫遊記，但遊玩的地點可由同學決定，所以在挑選地點時，應該找自己最熟悉、印象最深的地方來寫。說明提到「大自然」，就要寫郊外的風景名勝，才切合題目，並且要多多描寫細節，才能表現出你的「觀察」能力。
2. **開頭**：使用比喻法，用事物作比喻來解釋題意或主張，讓抽象的題目更加具體。主角用「巨龍」來比喻捷運的高架軌道，用動物的姿態形容捷運沿著大湖建設的景象，這樣的開頭可使文章生動而吸引人。

3. **段落**：用了抑揚法，要讚美主要事物之前，先貶抑次要事物，抑和揚可以反覆交替運用。中間先貶抑都市的擁擠和空氣污染，然後才褒揚山間清新的空氣和迷人的風景，將都市與山間拿來比較，可使後者的形象更鮮明。

4. **結尾**：運用期勉法，以期望或勉勵自己和他人的話語，結束文章，也可以在這裡對他人提出建議。在本文是表現主角的期望，希望下次再遊白鷺鷥山時，能見到美麗的花盛開，使這座山成為內湖居民美好的回憶。

結構：比喻法→抑揚法→期勉法

肆

情感洋溢的抒情文

- 一、抒情的要領
- 二、段落結構
- 三、抒情的方法
- 四、抒情文的種類
  - ㈠因人生情
  - ㈡敘事傳情
  - ㈢感時訴情
  - ㈣詠物興情
  - ㈤借景抒情
  - ㈥情理兼具

離別

「你不要走！你不要走！你不要……走！」她蹺著腳，扯開了嗓門，帶著可怕的激動叫著，獨特的娃娃音在空氣中回盪，童稚的聲音沖淡了痛苦。

只見她隨手拿了一根樹枝，雙手用力一折，發洩似的將樹枝折成兩段，又坐倒在地上，一陣情緒的突然發作，使她的身子微微發抖。她突然哭了，喃喃說道：「你為什麼要離開我？可不可以不要走！你陪伴我那麼久，為什麼說走就走？不要把我留在這裡，沒有你，我過得很寂寞……」

女孩對著小土堆痛哭，哭到眼淚都乾了。她看到墳墓上的沙，在太陽的反射下閃閃發光，過了良久，女孩終於說：「我最愛的寵物，謝謝你的陪伴，願你在天國平安。」

人有喜、怒、哀、懼、愛、惡、欲等「七情」，抒情文抒發的，就是這些能夠牽動心弦的情感，就像女孩對寵物的悼念，從無法面對寵物的死，情緒的不能控制，激動、痛苦、憤怒，直到哀傷、平靜，描寫雖然誇張，卻充分運用了抒情的技巧。

任何文章都包含了「情」，不只抒情文，記敘文也常敘述令人感動的事，作為永恆的紀念；議論文雖然重「理」，但正因為我們對事物有了好惡，才會加以議論，說出自己的看法；應用文的書信更要用情，一封動人的信，能夠跨越時空的距離，聯繫彼此的心。

情感就像暗流，總是深藏在記憶之下，又如波浪一樣或升或降，此起彼伏，但不論是寫哪種情感，都必須發自內心流露出來，「虛情假意」的文章是無法打動讀者的。

寫作時都免不了要將情感融入字裡行間，所以同學應該熟悉抒情的方法，使文章具有打動人心的力量！

一、抒情的要領

寫抒情文最常遇到的困難，就是找不到感動的事物，不是缺乏材料，就是內容少了情感，無法使人感動。

其實，抒情文的材料就在日常生活，有描寫父母的親情，朋友之間互相鼓勵的友情，還有對社會事件發出的評論，抒發關心之情。只要平日多關懷周遭事物，就不怕

「無情可書」了。

要把抒情文寫好，還要把握下面幾個要領：

1. **含蓄委婉**：就像古人談戀愛，總是用含蓄的方法來表達愛意，抒情的表達也應該含蓄委婉，不要赤裸裸的表達，以免破壞了美感。如果文章的情感都太過清楚明白，就有如時下的速食愛情，來得快，去得也快，毫無令人留戀之處。寫抒情文要留一點想像空間，才能讓讀者細細體會。

2. **感性口吻**：除了運用感人的情節，還可以使用「啊、唉」等狀聲詞，或是像從心頭暖上來、忍不住流淚……這樣的句子，來帶動讀者的情緒。如：「當他牽起我的手，我的心頭就起了一陣悸動，我是多麼想留在他身邊啊！」

3. **描寫優先**：因為情感是藉由人、景、物來觸發的，所以書寫時，就要將這些引發情感的事物先描繪清楚，成為你抒發情感的基礎，再將自己的感觸很自然的宣泄出來，寫來就能真切，並且有憑有據。

4. **善用修辭**：不論是直接抒情，還是間接抒情，都應該運用各種修辭，用譬喻寫高興得像鳥兒一樣，用誇飾說發怒跺腳可以震碎地面。靈活的使用修辭，才能具體的表現情感，使讀者能夠發揮想像力，去感受作者的心境。

二、段落結構

抒情文和記敘文一樣，包含了人、事、景、物、時節、說理等要素，也同樣需要「記敘」，只不過情感的部分是抒情文的主體，需要多加著墨，因此段落結構也注重敘述的過程。以下是抒情文的段落分配：

段落	一	二	三	四
結構	點出起因	發展過程	高潮轉折	結果感想
內容	描寫對象	引起觸發	抒發情感	訴說感懷

就如同記敘文的寫法，抒情文也要先點出事情的起因，描寫挑起情感的人、事、物，讓你的情感有個依據。因人抒情就要寫出人物特徵，詠物興情就描寫物的樣子，感時訴情就說出時節特色，借景抒情就要描繪景物，情理兼具就把論點寫出來。

接著要發展事件的經過，可以像說故事一樣，製造神祕感，或利用回憶來帶入情境，並以令人印象深刻的部分，作為文章的最高潮，趁機將情感引爆至最高點！

最後將文章作個總結，主要是啟示、感謝、懷念、期勉、勸勉、讚美或感想等。如果結尾能拉高文章的高度，將自己的感動擴及到關懷他人，甚至是宇宙萬物，就能表現正面的意義。

三、抒情的方法

抒情有兩種表達，一是直接抒情，一是間接抒情。

「直接抒情」是將情感明寫，就是不必靠別人，就能把心裡的情感直接描述出來，就像一個人說話的方式很直接，喜歡你就直接說出來，不會繞著圈子講，或讓你猜謎，可表現熱情奔放、直率、親切、誠懇的特質。

這種寫法，常用帶有濃重感情色彩的語句，或運用感歎、呼告，如「月亮好美啊！」、「我真想你！」，表達內心澎湃的情，可以直接讓讀者感受到你的情感，但必須藉由比喻、映襯或對照等修辭，才能將情感具體化。如冰心的〈紙船寄母親〉：

我從不肯妄棄了一張紙，總是留著、留著，疊成一隻一隻很小的船兒，從舟上拋下在海裡。有的被天風吹捲到舟中的窗裡，有的被海浪打溼，沾在船頭上。我仍是不灰心的每天的疊著，總希望有一隻能流到我要他到的地方去。

母親，倘若你夢中看見一隻很小的白船兒，不要驚訝他無端入夢。這是你至愛的女兒含著淚疊的，萬水千山，求他載著她的愛和悲哀歸去。

「間接抒情」則是委婉的表達方式，必須借助一些別的事物，透過寫人、敘事、時節、詠物、寫景、說理等方式，才能抒發出你內心的感情。

以下主要介紹間接抒情，當中也會提到直接抒情，可以依文章的需要，將兩種表達方式交互使用，只要用得自然、貼切，就能成功的「傳情」，而使人「動情」。

四、抒情文的種類

會考寫作測驗，並沒有指定使用的文體，可以依照內容和取材的需要，綜合使用記敘、抒情與議論，符合會考測驗「語文綜合應用能力」的目標。

所以同學要能兼顧記敘、抒情與議論三種文體的技巧，而其中抒情就像一把開啟心門的「鑰匙」，負責打動閱卷老師的心，不論你用的是哪種文體，仍然要學會把「抒情」放入文章當中。

人們表達情感的方式，常因為人物、事件、物品、時節、景色、事理，而有不同的結果，這就是情感的來源（取材），影響了文章情感的抒發。這裡依照情感來源的不同，分為因人生情、敘事傳情、感時訴情、詠物興情、借景抒情、情理兼具：

㈠因人生情

小祕訣

互動生情

「因人生情」，主要表現對「人」的感懷與思念，寫法和寫人的記敘文差不多，只要增加描述情感的篇幅和比例。

這類文章往往有生離死別的情境，或帶著深深的感謝，同學需要在情感上有深刻的感受或體悟，才能讓自然流露，引起共鳴。

會考作文命題偏向生活經驗，往往要我們寫和自己關係密切，或出現在我們生活中的人，就要多舉出你們在生活上的互動。

寫作重心要放在描寫這個人的言行舉止、性格思想、相處細節等，從你和他相處的點點滴滴，或是你對某人事蹟的掌握和了解，把你對他的感情經由感謝、崇敬或思念，娓娓道來，讀者就能感受到那份深刻的情意。

以感謝師恩的「春風化雨」為例，描寫的對象是「老師」。老師是我們在學習上、生活上關係密切的人，就屬於互動生情：

題目：春風化雨

說明：老師是學生在學習路途的引導者，更是學生的精神支柱，因為有了老師的教誨，學生才能成長，學會做人做事的道理。你的人生中也曾出現這麼一位老師，令你印象深刻，也使你感念在心。請介紹這位老師，並把老師如何教導你的經過寫出來。

（模擬試題）

春風化雨

雖然離開母校已經兩年，但我仍然沒有忘記老師，也沒有忘記他說過的話。

老師是我五年級的導師，他的長相十分平凡，表情總是緊繃著，剛硬的臉部線條從側面看來，彷彿古希臘的雕像；他不笑時，那份威武令人望而生畏，但是當他用關懷的眼神凝視我們，細心指導我們的功課時，就知道老師其實有著一副熱血衷腸。

記得五年級開學的那天，班上的幾位男同學自願為大家領課本，老師細細叮嚀務必先詳細計算數量後，才能將課本搬回教室，否則會造成教務處行事的不便。但是當新的課本發下來後，卻發現某科短少了四本，某科卻多出了兩、三本，數量混亂不清。老師便嚴肅的說：「同學為班上服務的精神很值得鼓勵，但是做事必須細心。」沒有一句責罵的言語，只有真誠的勸告，就令我印象深刻。

老師也是個很有耐心的人。我的英文成績不太理想，每當考卷批改回來，就會緊張得冒冷汗，生怕被老師責備。在一個安靜的午後，老師突然要我帶便當到他的辦公室，和他一起吃飯，我嚇得手腳都慌了，便提心吊膽的去赴約，沒想到老師親切的和我聊起來，頓時讓我放鬆心情，就將學習上遇到的困難，向老師傾吐。老師耐心的為我解惑，還提供了許多學習的妙方。吃完飯，他忽然輕拍我的肩膀說：「以後有問題，儘管找老師討論，老師一定會幫你的！」從此，我的英文成績就有了明顯的進步。

老師的愛像是一股暖流，卻有如大海那麼廣闊。回想起來，我覺得自己非常幸運，小學最後兩年的時光，是在老師的教導和陪伴下度過。記得在我即將畢業離開學校時，老師送給我們一句話：「學如逆水行舟，不進則退。」這句話就如同老師給人的印象：看似平凡，卻讓人記憶深刻。老師，謝謝您的教誨！

詩佳老師說作文

1. **審題**：「春風化雨」，本義是適合草木生長的風及雨水，用來比喻師長和藹親切的教育。同學遇到題目以「成語」來表現，就要先了解意義，才能準確的抓住主旨。本文是藉著描寫老師來抒發感謝之情，就可先描寫老師的模樣，敘述師生的互動，最後抒發對老師的感謝。

2. **開頭**：運用寫人法，從老師的長相、表情、個性、情感等開始寫起，並抓住特徵來發揮，說老師的個性嚴肅中帶著溫情，讓讀者一開始就對老師的形象產生印象，帶出懷念恩師的主題。

3. **段落**：用了回憶法，主角以回憶的方式，述說他在過去某一階段的學習上遇到了困難，並舉出某個印象深刻的事件，表現老師的教育方式和對學生的態度，緬懷老師的言行。

4. **結尾**：使用對話法，利用人物的對話來突顯主題，將題目的主旨突顯出來，製造活潑生動的效果。最後，用老師在畢業前對學生說過的話，表現老師給主角的深刻印象，道出對老師的感謝和懷念。

結構：寫人法→回憶法→對話法

(二)敘事傳情

小祕訣

情隨事轉／記憶抒情

「敘事傳情」，是從事件引發情感，把「說事情」和抒情結合，藉著說一件事情，來寄託你的情感。表面好像只是在講事情，抒情的成分減少了，但其實是藉著幾件小事來表現感情。

通常作文都會要我們寫正面的事情，像「一件感人的事」，充滿甜蜜、歡樂、愉悅的氣氛。要注意大考考試傾向寫好事，如九十八年基測的樣卷是「最快樂的事」。

有時作文也會出現悔過、反省性質的題目，如「一件後悔的事」，這類文章抒發的情感，要「哀而不傷」、「怨而不怒」，而且要將負面的情緒，轉化為樂觀與豁達，表現出你的進取精神。

寫抒情文時，要訴說的「情」，最好能跟著「敘事」走，要「情隨事轉」，讓情感隨著事情的發展、經過和結果，有不同的轉折，才顯得出情感的波動；此外要一邊敘事、一邊抒情，將情感與事件揉合在一起。

作文也常要同學透過「回憶」來抒發情感，叫作「記憶抒情」。人的回憶裡，總是有太多難忘的人和事，鎖藏在記憶的底層中，既酸甜，也飽含苦辣，每次的回憶都是成長的累積，在回憶的過程中，我們的心靈已得到淨化。

題目：最難忘的滋味

說明：人生總有些事情與體驗令我們難忘，雖然已經成為過去，但每當回想起來，就會在心頭產生酸、甜、苦、辣……種種的滋味。請回憶一件令你最難忘的經驗，詳述發生的經過，並描寫心情感受和說明啟示。

（模擬試題）

最難忘的滋味

東方微白，在早晨慵懶的晨光中，我坐在透亮的落地窗下，看到窗外的欒樹開滿了金黃色的花，清風吹過時，激起一波波耀眼的黃金花浪，變化萬千，透過光線在我的臉上落下了陰影。關於我與欒樹那感傷卻又溫暖的故事，不斷的在腦海裡盤旋，是令我最難忘的滋味！

幾年前，就在窗外的這棵欒樹底下，我和幾個小學同學將樹葉堆成一堆，鋪上樹枝，調皮的點火來玩。當樹葉點燃的時候，大家鼓掌又叫又跳，興奮得不得了！沒想到一陣大風吹過，有些燃起的樹葉竟然被吹到我身上，衣服立刻燒起來了。我驚慌的向後退了幾步，撞到了欒樹，火焰就連帶的竄燒到樹上，迅速的蔓延開來。每個人都嚇呆了，手忙腳亂的為我撲滅身上的火，緊急送到醫院急救，然而手臂已經灼傷，而欒樹也因此被燒掉了三分之一。

被火紋過的手臂，失去原先的光滑美麗，從前充滿彈性的肌膚，已如風乾的蘋果，雖然時過境遷，但每回看到手上的疤，總不自覺揪緊我的心。於是我總在衣服外面穿上長袖的外套，企圖掩飾這份醜陋。有一天，我驚訝的發現那株被火燒過的欒樹，又再度恢復她的青蔥，媽媽就告訴我一個故事：「臺灣欒樹，其實是個愛美的女孩，然而她最害怕的就是冬天的到來。冬天的時候，欒樹所有的花和葉全都會凋謝，讓她看起來很憔悴，但她總是鼓起勇氣等待春天的來臨，希望以最開朗的心，恢復原本的美麗。」我看著手臂的傷痕，彷彿領悟到什麼，從此便不再遮掩傷疤，人們也因為我的落落大方，而不再投以異樣的眼光。

如今，欒樹又恢復她的俏麗，每天以最美麗的姿態站立在我面前。雖然每當回憶起往事，我的心頭仍有微微的痛，但堅毅的欒樹告訴我：即使手臂的美麗已不復見，但我仍然能擁有重生的美麗。瞬間，淚水緩緩流至我心口，那滋味卻是溫熱的甜味。

詩佳老師說作文

1. **審題**：題目的「滋味」二字，指食物酸、甜、苦、辣、鹹等味道，又比喻為人的情感和感覺，同學可能會誤解要寫「飲食」，但只要掌握說明中提到的「人生總有些事情與體驗」，就知道是要寫「事」。

2. **開頭**：運用情景法，主要寫因為某件事情的發生，引發了情緒反應，並描述當時見到的背景、環境和氣氛。主角先寫見到窗外的臺灣欒樹，透過寫景，勾起心中的回憶。

3. **段落**：用了故事法，詳細交代這件事情的始末，並將當時的心情書寫出來。主角先寫被火灼傷的事件，描述被火紋身的傷痛，接著從媽媽口中說出一個關於欒樹的故事，從中得到領悟。

4. **結尾**：使用勸勉法，最後寫出事件結束後的體悟。主角從欒樹被火燒掉又能恢復美麗，點出這件事情的意義和受到的感動，並且勉勵自己，要向欒樹學習堅強，就有重生的希望。

結構：情景法 → 故事法 → 勸勉法

(三)感時訴情

小祕訣

時節→事件→心情

「春有百花秋有月，夏有涼風冬有雪，若無閒事掛心頭，便是人間好時節。」時節，指二十四節氣，是從古時農作物耕作的情況來分的。春、夏、秋、冬四季的流轉，影響了農作物的生長、收成，也改變了農民的生活。

有些作文題目取材於「時節」，除了指季節，還包含節慶，透過時節的意義，帶出蘊藏背後的情感，寫出故事。只要抓住節日的特色，從敘述中傳遞深刻的情意，就可以將文章寫得深刻、動人。

感時訴情的文章，有下面四種：

1. **時令季節**：藉著季節來抒情，如「春之頌」、「秋天」、「夏夜」、「冬天的晚上」、「四季」等，寫作時，要描繪季節的景物特色，並透過寫景，將因為景物而產生的情感，注入文章中。

2. **民俗節日**：針對節日進行的活動來下筆，過新年就寫放炮竹、貼春聯等具有「年味」的活動，端午可以寫划龍舟、包粽子等相關慶祝活動，中秋節就要賞月、烤肉，才能營造氣氛，表現節慶的意義。

3. **婚喪喜慶**：這類文章不外乎悲歡離合，重心是描繪出當時的氣氛和情境，寫婚禮就表現新人的喜悅、環境的熱鬧；寫喪禮就營造莊嚴、哀傷的氛圍，只要將氣氛營造得好，就能使這些人生大事精采而動人。

4. **特殊日子**：特殊日子並非節日，卻有一定的意義，像紀念日或第一次的經驗，對當事人來說，都是意義非凡的日子。要寫出日子的來歷，交代日子的特殊性，就能突顯它的意義。題目有「生日」、「校慶」、「母親節」和寫畢業日的「鳳凰花開時」等。

利用「時節」來抒情，要先了解節日的特色和意義，再舉出事實，寫出在這個時間從事的活動；而因為這些節日都帶有特殊性，不同於一般的日子，所以例子要緊扣著節日來發揮，敘述完以後，要自然的帶出你對節日的感受。

題目：鳳凰花開時

說明：每年的六、七月，正是鳳凰花開得最茂盛的時候，卻也是同學告別現階段，進入另一個學習階段的開始。在這個畢業的時刻，會令你想到什麼？你又有什麼心情感受呢？請抒發你的感受和想法。

（模擬試題）

鳳凰花開時

這是一個鳳凰花開絢爛的季節，又到了畢業的時刻。在盛夏陽光的照耀下，校園裡的鳳凰花更加地豔麗迷人，無數朵嬌豔的花，在驪歌聲中悄然開放，陪伴我們度過了悠悠三年的歲月，也承載著我們的青春，年復一年地看著景物變換，新舊交替。

我仰望因風動而墜落的一片葉子，彷彿有所感應似的，也感到墜地的疼痛，就像葉子離開了她的母樹，我也即將離開這個滿是回憶的校園。猶記得我還是個國一的新生，也是在這樣的季節中，送走畢業的學長學姐。當時我們聚集在操場上，頭頂著烈日，腳踩著火燙的砂石，在鳳凰樹底下低聲唱著畢業歌曲，歌詞是陌生的，但音調卻很感傷，唱著唱著，我的臉頰留下了晶瑩的水珠，分不清是不捨的淚水還是汗珠。那時的我是那麼單純，不懂得世事人情，也不知道人生的目標，這一點淡淡的輕愁，就足以使我落淚。

如今，我終於成為畢業典禮的主角，同樣站在炎熱的操場上，望著火紅的鳳凰花，心中漾起陣陣的感動。剛才還和同學談笑畢業的話題，現在卻掩不住逐漸湧上來的離愁；而台上師長諄諄的教誨與鼓勵，也壓不住我內心的徬徨。終於要畢業了！雖然完成了國中三年的學業，但未來我的命運會如何呢？下一站，我將前往何處？無意間，我見到鳳凰樹昂然的挺立在烈日下，闊氣的張開所有的枝幹，屹立在天地之間，繽紛的花朵綴滿枝頭，無懼於烈日的灼燒，也無懼於時光的流逝，這是多麼旺盛的生命力！

今年六月，我看見鳳凰花在樹梢盛開，象徵著離別的季節，我們的未來和過去，也要在這個時節上演與落幕。鳳凰花迎風搖曳，像是在告訴我：畢業不是結束，而是另一個階段的開始，我們應該好好珍惜過去的時光，抬頭挺胸勇敢的迎向未來，就像那盛開的鳳凰花。

詩佳老師說作文

1. **審題**：「鳳凰花」，是在畢業生離校的六月盛開，就是要同學寫一篇對畢業的感想。說明中提示要寫出心情感受，但是不能漫無邊際的抒情，就會顯得「濫情」，而是應選擇某個事物來帶出內心感受，主題才會明確。寫作時，可以利用鳳凰花、樹的特性加以發揮。

2. **開頭**：使用時間法，從事情發生的時間寫起，包括年、月、日或早、午、晚。從時間起點開始寫，拉開文章的序幕，可讓讀者容易進入情境。首先寫鳳凰花開的季節，正是畢業的時候，也是盛夏時分，間接的點出文章的主題。

3. **段落**：用了今昔法，運用時間的過去與現在來組織篇章，形成「由昔而今」的順敘，或「由今而昔」的倒敘。中間敘述往事，主角描述國一時參加畢業典禮的感受，是懵懂的，不識愁滋味；後來參加自己的畢業典禮，才因為對未來的惶恐和分離，而產生哀愁。由今昔對比可得見主角的成長。

4. **結尾**：運用期勉法，最後再回到首段的鳳凰花開，藉由鳳凰花的堅強與生命力，使主角對未來有了希望，並勉勵自己應該要勇敢的面對。

結構：時間法→今昔法→期勉法

(四)詠物興情

小祕訣

狀物→寫人、記事

「詠物興情」，是借助某樣物品，來帶出情感或回憶。這件物品讓你想到某個人或事，所以物常常是情感的象徵，所以你對物產生的情感，是書寫的重點。

「物」可分為無生命的物品，和有生命的植物、動物。「物品」是無生命，要著重描述物品帶給你的意義；「植物」著重你對植物的觀察和描繪，是在靜態中寫情；「動物」著重在與人的互動，是在動態中寫情。

詠物興情要先詳細描繪「物」的特徵，作為觸發情感的依據，但是只靠將「物」描繪得栩栩如生還不夠，要加上人和事才行。

「人」是物的贈送者、買受人和擁有者，如阿姨送了禮物給你，阿姨是贈送人，你就是禮物的擁有者；如果你買了一件物品，你就是物的買受人。只有將人、事、物融合在一起寫，才是文情並茂的抒情文。

無論寫作的主題是哪一種「物」，都有賴同學平日對事物的觀察，並透過回憶和聯想來帶出情感。

題目：我最喜愛的物品

說明：有些物品除了本身的價值，隨著時間流逝，還伴隨了我們的情感與回憶，例如一張卡片、一張照片、一雙球鞋……等。你心中最喜愛的物品是什麼呢？請你描述這件物品的樣子，並寫出相關的經驗和感受。

（模擬試題）

我最喜愛的物品

再怎麼樣，我也想不到自己會「養」這隻「杜鵑鳥」。

這隻杜鵑鳥的體長有八公分，尾巴是接近黑色的深灰，上面布著銀白的圓點，在黑暗中發出潔白的光。腹部夾有栗紅色的橫紋，當它側著身體時，玻璃珠般的黑色眼睛眨也不眨，彷彿有淡淡的寶光流轉，變換無方。它的嘴巴張著，可以看到鮮紅的舌，像有什麼心事想要對我傾訴。翅膀是灰色的，微聳著背脊，似乎隨時要振翅高飛，衝向雲霄；如果你再靠近一點看，就會發現在它的翅膀背面還刻著幾個字——「安徽徽墨」。

我的書櫃裡，靜靜地躺著一只藍色的布盒子，打開盒蓋，可以看見盒子的玻璃底下，埋伏著一隻俊俏的杜鵑鳥。盒子裡鋪上柔軟的紅色錦緞，上面還放了一些用綠色和咖啡色絨布，作成的樹葉和樹枝，杜鵑鳥就棲息在樹叢，瞪大眼睛看著我，在紅色錦緞的襯托下，顯得神祕而美麗。這隻杜鵑鳥是爺爺在大陸旅遊時，特地在安徽買給我的。爺爺是個傳統的讀書人，印象中，他的書房總是擺滿了各式圖書，有線裝書與小說；牆壁上總陳列了各種字畫，顏真卿、柳公權，我從小就看熟了。

記得爺爺說要送我「一隻鳥」的時候，我也如鳥兒一樣雀躍不已，但當他將這塊墨放在我手上，我卻流露出失望的表情，像在說：「哦，原來只是個『墨』啊！」爺爺看出我的失望，慈祥地笑著說：「你可別小看這隻『杜鵑鳥』，它比真的鳥好多了。真的杜鵑鳥只會一天到晚唱著『不如歸去』，聽的人都沈重起來；可是我這隻杜鵑鳥卻是文房四寶，即使不用它，也會散發怡人的清香，磨墨時聞著芳香，浮躁的心也會跟著安定下來。」我聽了，就珍而重之的將它陳列在書櫃中，每當我將這隻鳥捧在手心，就想到爺爺這番慈愛的話語。

這隻杜鵑鳥是一件精緻的藝術品，它不但能點綴我的書房，捎來濃厚的書卷氣息，給予我美的感受，更蘊含了爺爺的用心良苦。希望我能夠藉由這塊墨，培養自己的氣質與內涵，改變從前浮躁的個性，才不辜負爺爺對我的期待。

詩佳老師說作文

1. **審題**：題目是「物品」，指的是無生命的「物」，只要寫出物與你之間發生的事，就是正確的寫作方向。取材上，應選擇與生活貼近的物品來寫，順道也寫出與物品相關的人物，並帶著回憶懷舊的情感，寫物就是懷人。

2. **開頭**：使用反起法，先從反面寫起，說自己怎樣也沒想到會擁有「這隻鳥」，以謎語的方式，隱瞞「杜鵑鳥」就是「一塊墨」的線索，勾起讀者的好奇，再拉回正面寫到主題，用特寫法深入的描寫「杜鵑鳥」的模樣。

3. **段落**：用了對話法，利用人物的對話來推動情節、揭示主旨，在描寫杜鵑鳥之後，帶出送禮的人是爺爺，形容爺爺的形象，接著以一番對白來說出主旨，原來這塊墨的用途，是可以安定人心，也正是爺爺對主角的期望。

4. **結尾**：運用讚美法，對「墨」加以讚美，指出它的各種功能，除了形式上的點綴作用，也有無形的「美」及爺爺的「用心良苦」，促使主角反省自我，就是從物品所得到的體悟。

結構：反起法→對話法→讚美法

(五)借景抒情

小祕訣

寫景→觸發→入情

「借景抒情」，是因景物而引起內心的感懷，借景物來抒發情感。

如果你到了某個地方，看見美麗的風景，自然會對景物的美好產生感動，將觀察到的地理及季節變化，加上對生活的感觸，用文字寫下來，讓人感受你內心的感情，就是借景抒情的文章。

通常景物的描寫，可以取材自靜態的風景和動態的生物。描寫大自然的題目，是作文最常出現的，諸如山川江河、日月星辰的變化，都能引發我們不同的情懷；而生活其中的生物，也能引起我們的聯想，像喜鵲的報喜、杜鵑的哀鳴，或清脆婉轉的鳥叫蟲鳴，都能帶來不同的情緒。

在寫景的時候，可以運用擬人法，將無生命的景，也描繪得脈脈含情，讓星星對你眨眼，讓魚對你說話，作到情景交融。拋去惠施「子非魚，焉知魚之樂」的理性，而要像莊子一樣，將萬物皆當作是有情的感性。

寫景的取材，需要累積生活經驗，同學平日對於春夏秋冬的景色，季節交替的變化，山川江河、日月星辰的特色，都要仔細的觀察，走出戶外，欣賞景色萬物之美，寫作才有靈感。

題目：一場大雨

說明：我們都有這樣的經驗：出門時還看得到陽光，但走到半途，就忽然下起傾盆大雨。看著眼前的雨景，你會聯想到什麼事？當時你在大雨中，有什麼感受？請將你的回憶和感受，寫成一篇動人的文章。

（模擬試題）

一場大雨

那天早晨，我一個人坐在早餐店安靜的吃早餐。從透亮的玻璃窗往外看，剛才還明淨的天，現在卻滿是烏雲，重重疊疊密布在灰色的天空，沈沈的，幾乎快要壓到地面，那情景十分嚇人。跟著，風也揚起了，街道上吹來一張廣告傳單，忽然啪一聲，緊黏在玻璃窗上，嚇了我一跳。雨就要來了！

我迅速的吃完早餐，心裡籠罩了一層愁雲，想趁著下雨前趕快回家。室外的溫度驟然變冷，彷彿即將降下寒冰；風也猛烈地刮著，像一把把利刀劃破行人的臉龐。原以為天氣會一直好下去，所以我沒帶雨傘就出門，現在只好加快腳步趕路，然而已經來不及了，只不過一分鐘的時間，雨已經落下，雖然只有綿綿如針的細雨，可是卻持續不斷，而有越來越大的跡象。才不到兩分鐘，濛濛細雨就演變為傾盆大雨，像老天爺生氣的敲打地面，不知該怎樣才能平息。

忽然一位郵差越過我，正挨家挨戶的送信。他飽經日晒的臉，刻著幾道被風吹出來的皺紋，身上穿著一件深綠色的雨衣，溼漉漉的，正在承受雨水的沖刷，但卻使他不至於被淋溼。我十分羨慕那位郵差先生的先知先覺。很快的，我身上的衣服都溼透了，而家卻還在兩條街之外，我便放棄奔跑，反而悠閒的在雨中散步，逛著一家一家的商店。有一間賣豬肉的，金屬勾子上吊掛的肉，正「滴答」往下滴著透明的水珠；再過去有家賣蔥抓餅的，那幾張做生意的桌子因為桌巾溼了，露出底下的木頭色來。不久，我終於到家了。

這一場大雨雖然下得緊急，卻讓我得以體驗在風雨中散步的趣味，也看到了許多平日被忽略的景象。我拉起竹簾好奇的探頭望向窗外，大滴大滴的雨，仍然使勁的下，帶動著滾滾的濃雲，不知道何時才能夠停止？

詩佳老師說作文

1. **審題**：題目要求寫的是「大雨」，說明中提示「傾盆大雨」，所以同學就要描寫「半路中下起傾盆大雨」的景象，將你所見到的氣候、人、事、物，全囊括進來寫，才算是細膩。此外，也要製造突然遇到大雨的「意外」感覺，並將你當時的情緒寫進去。

2. **開頭**：使用陪襯法，列舉一些和主題相似的事物或經驗，最後再點出主題，使主題更加突出。首先以烏雲、風起、飛揚的廣告傳單，來作為後面「雨來了」的前奏，為將來的雨勢烘托出期待感，也是一種有層次的寫法。

3. **段落**：用了通感法，同時運用各種感官來描寫，但隨時緊扣著心裡的感覺。中間描述雨打風吹和溫度的觸感、用視覺觀察雨勢和景物、雨滴下來的滴答聲，還有作者從剛開始的焦慮，轉變為悠閒的「心覺」，寫景時不忘提及自己，使情景交融。

4. **結尾**：運用設問法，設定問句，接著回答來引出主題，也可以只問不答。主角終於到家了，但外頭的雨仍然沒有減緩的趨向，便提出一個疑問句：「不知道何時才能夠停止？」作者的疑問，也正是讀者的疑問，留下了餘韻。

結構：陪襯法→通感法→設問法

㈥情理兼具

小祕訣

先情後理

如果說，抒情文是個感性的美女，議論文就是理性的男子，然而無論是女子或男子，也都同時擁有感性和理性。

有些議論文，雖然主要在「議論」，但你可以視需要結合「抒情」，在說理之餘不忘抒情，會使得你的議論能因為情感的抒發，而更有說服力。而有些抒情文，雖然重心在「抒情」，但如果能從情感層面挖掘出「理趣」，文章就會呈現趣味性。

如唐劉長卿的〈聽彈琴〉：「泠泠七絃上，靜聽松風寒。古調雖自愛，今人多不彈。」說彈琴的人，在七絃琴彈出悠揚的樂聲，作者靜靜聆聽，覺得琴聲有如寒風吹入松林那麼清雅，他雖然喜愛古調，可是時人卻大多不彈這種古曲了。先描述琴音，再寫喜愛之情，最後用來議論，說時人愛流行，以襯托自己不同流俗。

抒情文的「議論兼抒情」，和議論文不一樣，抒情文的說理，是先將情感表達後，再從情感昇華出事理，像上文的例子就是「先情後理」。

至於議論文的「議論兼抒情」，就要將重心放在「議論」，「情感」的比重就較低，是為了表現作者的熱烈情感，或顯露你對他人、社會、國家的關懷。寫作時，可以將情感與議論分段寫，也可以融合在一起，這就是「軟性的議論文」。

情理兼具的議論文，說理的表達方式比較溫和，字裡行間充滿了感性，使讀者一方面覺得言之有理，而頻頻點頭，一方面又感動在心，自動投入作者的懷抱，接受文章所傳達的看法。

題目：一部電影的啟示

說明：每部電影都會有個主題，每一部電影也都會有個啟示，不論是溫馨、笑鬧、刺激還是恐怖的電影，都能給人許多感觸和啟發。請寫出一部印象最深的電影，敘述看電影的原因、描述劇情，並說明這部電影給你的啟示。

（模擬試題）

一部電影的啟示

人生宛如電影情節，上演著悲歡離合，而人生的片段，就像一張張的膠卷，每一個片段，就是一個故事，組合成一部動人的電影。我愛看電影，欣賞電影能開啟我的心靈；當我孤單時，還可以藉由看電影來忘記孤單。

《有你真好》是一部韓國電影，它深深感動了我。片中敘述一個小男孩「小武」，被母親送到山上的外婆家暫住。小武是個眼中只有電玩和速食，而且個性我行我素的孩子，不懂得體貼與尊重，凡事「只要我喜歡，有什麼不可以」，相當自我。令小武覺得困擾的，是他有個不能說話、駝背，也沒有任何表情的外婆，更令小武困擾的，是外婆的房子又破又舊，吃的是粗茶淡飯，小武對這種生活真是嫌棄到極點。

但不管小武如何發脾氣，外婆的表情卻始終如一，喜怒哀樂不形於色。雖然不能說話，但她總能以行動來進行不言之教，老邁的身軀有如泰山般穩重，以耐心和愛心來教育小武。令我熱淚盈眶的一幕是：有一天，小武在山上玩，不小心受傷，弄得頭破血流，只好用受傷的腳一跛一跛的，從崎嶇不平的山路走回家。那時，他才感受到外婆不良於行的痛苦，心中逐漸湧現對外婆的溫柔。

又有一次，祖孫兩人結伴去鎮上採買，但回程的時候，小武惡作劇地丟下外婆，獨自搭車走了。他在車站等了很久，始終不見外婆的身影，後來覺得情況不對了，心急如焚，直到最後一班車過了，才看到外婆提著東西，慢慢的徒步走回山上。小武心中立刻充滿了悔恨，終於開始真心疼愛自己的外婆，也接受了山間淳樸的生活方式。看到這裡，我的心中也洋溢著感動。

山中的老人與城市的孩子，成了鮮明的對比，藉由城市孩子的自我、對物質的需求，來表現淳樸簡單的可貴。從《有你真好》的外婆身上，我看到的是偉大的身教，不需要言語，也沒有責罵，只有對孫子無限的愛，而這樣的愛，能夠改變一個冥頑不靈的孩子，也啟發了我的心靈。

詩佳老師說作文

1. **審題**：不論題目是寫看一本書，還是寫看電影的啟示，都要避免將作文寫成內容大意的介紹，而是將重心放在「啟示」二字，說出這部電影傳達出什麼「價值觀」，而這個觀念如何影響了你對自我的省思。

2. **開頭**：使用比喻法，將人生比喻為電影，即「人生如戲」，人生會經歷許多事件，這些事件就像電影膠捲，組合成一個人的人生。看電影就如同看別人的人生，總能啟發我們的心靈。

3. **段落**：運用故事法，說幾個關於電影裡的故事，選擇的是最動人的片段，也是主角印象最深的部分，敘述的時候，一邊簡短的說理或評論，就是情理兼具的寫法，因為是抒情文，情必須多於理。

4. **結尾**：用了啟示法，從電影中提出自己的體會，點出淳樸勝過虛榮及身教與愛的偉大，不但改變了片中的主角，也透過觀賞電影，影響了作者和無數的觀眾。

結構：比喻法→故事法→啓示法

伍

頭腦清晰的議論文

· 一、議論的要領
· 二、段落結構
· 三、議論文的種類
㈠夾敘夾議
㈡演繹歸納
㈢前因後果
㈣對等並重
㈤對立相反

一千呎之下

這是一支特別的研究小組，由來自四面八方的菁英組成，有心理學家諾曼、生物學家貝絲、數學家哈瑞和組長巴斯。他們被政府徵召，派遣到大西洋的某處，卻在深海的一千呎下，發現了一艘來自「未來」的太空船。

他們進入駕駛艙，組長查過太空船的飛行日誌後，驚呼說：「這艘太空船已經有三百年的歷史了！」所有的人都覺得驚奇，紛紛主張要將這個「世紀的大發現」，帶回陸地公布給世人知道。

這時，沈默已久的數學家哈瑞，忽然說了一句話：「我們都會死在這裡！」大家就問他為什麼？他說：「如果我們回去，說未來這艘船會墜毀，那未來的這艘太空船，難道不會知道自己的命運？若知道了，政府還會派它出任務嗎？」

看大家安靜了，哈瑞又說：「這艘未來的太空船既然被我們發現，邏輯上代表我們沒有回去告訴世人，那是不是表示我們都會死在這裡？這就是為什麼我說『我們都會死在這裡』的原因。」

這是一部電影的情節，最後的結局是主角終於脫離險境，並沒有全軍覆沒，這樣的結局也許要歸功於哈瑞的推論，才使得大家提高警覺。議論文能讓我們像哈瑞一樣，邏輯能力變得很好，在遇到問題時，也能有很好的應變。

我們可以藉由撰寫議論文，來訓練這方面的能力。議論文，是用來表達你對於人、事、物的看法，或批評別人的論點，或是說服他人，都是希望讀者能夠認同你所說的話。

會考題目常出現「請寫出經過、感受和想法」，其中的「想法」就是「議論」，同學就要寫出評論性的想法。我們應該嘗試將議論的技巧，融入於文章之中，對於自己的人際關係和生活處事，也會有很好的助益。

一、議論的要領

許多同學聽到要寫議論文，就覺得心頭有如壓了一塊大石頭，覺得很「沈重」，而且在這個年齡要有什麼「看法」，實在是不容易，所以寫不出來。

其實議論文可以很活潑，只要舉例用「說故事」的方式，然後針對例子來說心得或啟示，多運用修辭法，就會使文章變得比較軟性，使議論文具有吸引力。撰寫議論文，要先把握下面幾項要領：

1. **思考深入**：在戰爭中，軍師要考慮得很周全，才能打勝仗，寫議論文也要有深入的思考，如果想法太膚淺，缺乏說服力，很難得到高分。如「學生應不應該穿制服」，只說不想穿還不夠，還要想為什麼規定穿制服？不穿制服會怎樣？深入去想，你的論述才會完整。

2. **結構嚴謹**：議論文要有條有理、層次分明，才能表現文章的邏輯，如果自己的表達太過雜亂，段落顛三倒四，就好比沒有經過梳子梳理的亂髮，讀者就無法看懂你所要表達的重點。

3. **論證有力**：論證，是利用「證據」來證明論點的方法。議論文主要是以論點來說服讀者，需要充足的證據，就像律師說服陪審團時，也要拿出有力的證據，所以議論文的論證必須充分而有力，才能支持你的結論。

4. **說明清晰**：在議論文中，常見說明中有議論，議論中有說明。議論文的「說明」，是用來說明例子和主題，起著輔助的作用，同學要清楚客觀的撰寫說明，才能幫助讀者了解事實。

二、段落結構

一篇議論文包含論點、論據、論證三個部分。

論點是文章的中心，是作者針對題目所作的思考和觀點；論據是文章的證據，是議論文裡的一些例子；論證是證明論點的過程和方法。關於論證的技巧，請參閱系列作《會考作文拿高分，看這本就對了！》。

議論文的論點、論證和結論，正好是文章的開頭、中段和結尾。一般議論文的段落寫法如下：

段落	一	二	三	四
	開頭	中段	中段	結尾
內容	提出論點	運用論據	進行論證	作出結論

通常在開頭是先提出論點，接著從二、三段開始，運用各種論據和例子，去推理證明你的看法，進行論證，最後才是在結尾作出結論：

1. **提出論點**：就你想要探討的問題，在開頭就提出自己的看法和主張，解決的是「證明什麼」（Who），是主要的寫作對象。

2. **運用論據**：通常是先議論，再舉例說明論據，解決的是「用什麼來證明」（What），以支持你的說法。常用的論據有事證、語證、人證、物證、理證和譬喻證等六種。

3. **進行論證**：「事實勝於雄辯」，論證的作用，就是提供充分的證據，並以強而有力的推理讓人心服口服，來支持最後的結論，解決的是「如何去證明」（How）。

4. **作出結論**：結論一定要清楚有力。下結論時，可將整篇內容，整理成概括的「總結」；或用引人深思的話，引導讀者繼續思考；或用鼓勵當作文章的結語。有些記敘、抒情結尾的寫法，也可以運用，如前呼後應法、啟示法、呼告法、設問法等，議論文會更具波瀾起伏的變化。

三、議論文的種類

大考作文雖然多數考記敘、抒情，但也曾出現「付出與收穫」、「鄉村與都市」、「體諒別人的辛勞」等議論文的題目，所以同學還是要熟悉寫法。

議論文能表達你對人、事、物的看法。論人方面，可談論和品評名人、偉人，或生活中出現的人物，談他們的功過和對你的影響，如「我的偶像」、「從一位街頭人物談起」。

論事方面，會考作文著重寫同學的生活經驗，要求提出立場、看法、主張和建議，如「比讀書更重要的事」、「體諒別人的辛勞」、「我從同學身上學到的事」、「我對體罰的看法」等。

論物方面，雖然是探討具體的「物」，但更要挖掘物的深層意義，寫出抽象的內在，並評論它的利弊得失。如寫「鏡子」就要探討自省的能力，寫「泥土」要注意泥土象徵人們精神的寄託，才能表現思考的深度。

以下將議論文分為夾敘夾議、演繹歸納、前因後果、對等並重、對立相反五種：

(一)夾敘夾議

是議論文常見的寫法，「敘」是敘述具體的例子，「議」是議論看法和主張，主要是把事實和議論成功的結合起來，使兩者能夠彼此輔助，讓文章更有說服力。寫法是將敘述和議論的內容交錯著寫，就像個「火腿蛋三明治」一樣。

要注意的是，每個敘述和議論都有密切的關聯，如果先敘述某企業對客戶守信的實例，緊跟在後面的議論，卻沒有針對這個實例來評論，使敘述與議論不能相結合，論述就會變得一團混亂。

小祕訣

1. 先敘後議
2. 先議後敘

1. 先敘後議

夾敘夾議分為「先敘後議」和「先議後敘」。

先敘後議是以敘述實例為主，先將例子分為幾個相關、但是獨立的小例子（小故事），就像切吐司麵包一樣切割開來，但每當敘述完一個小例子，就在後面加以議論，好像在吐司抹上果醬，這是比較常見的寫法。

如「勤奮是理想的鑰匙」，先舉美國總統歐巴馬奮鬥的例子，說明他在艱苦的環境中，仍然抱持勤奮的態度，曾遇到哪些困境，再針對例子緊扣主題，發表自己的看法。

美國有史以來第一位黑人總統歐巴馬，在二〇〇九年成為白宮的新主人，但多數人卻不知道他的成長過程十分辛苦。歐巴馬在夏威夷出生，因為父母離異而遷居印尼，經歷了種族歧視，見證過第三世界的貧窮，自己也曾瀕臨破產，然而他透過努力的工作，日夜的苦讀和非凡的意志力，終於實現自己的美國夢，這說明了「勤奮」的重要。勤奮是一種態度，是指在各方面持續不斷的努力，我們不論是求學或是工作，都要緊緊握住勤奮的鑰匙，打開知識的寶庫，提振精神做事，才能有實現理想的一天。

2. 先議後敘

是以針對主題的議論為主，像連接火車的車廂，先把議論依照程度的不同，分成幾個層次，再把幾個例子穿插在議論（們）之間。

如「尊重多一點」，先點出「尊重」的意義是什麼，評論之後，再舉現今常被討論的「媒體自律」問題，來印證前面的議論，後面一樣是一個議論接一個例子。舉例時可多運用時事，表現出關心社會的一面。

「人必自重，而後人重之」，尊重他人就是尊重自己，而想要獲得別人的尊重，就必須先尊重別人。尊重不分貴賤、不分性別，能尊重對方的選擇、人格、隱私等。我常在電視新聞看到少部分的媒體記者，「教訓」採訪對象要尊重別人，卻忘記自己才是需要自重的，他們在採訪過程中缺乏尊重的態度，用激怒的語言採訪當事人，以偷拍侵犯隱私，造成當事人的憤怒，這種不尊重彼此的做法，使得新聞事件的處理失去了公信力，間接造成社會的對立。如果我們能讓尊重多一點，輕慢少一點，就能造就祥和的社會。

「先敘後議」的優點是讓讀者先看故事，再看說明，閱讀的情緒會比較輕鬆；「先議後敘」的優點是使讀者一開始，就先掌握文章的題旨，對整篇文章表達的主題就有清楚的了解，同學可視需要來使用。

題目：談被誤解的經驗

說明：每個人或多或少都有受到他人誤解的經驗，無論事情的大小，誤解總是令人不愉快的。想一想，你是否也有類似的經驗？或者你曾經誤解過他人？你如何看待「誤解」？可提出自己的想法和建議。

（模擬試題）

談被誤解的經驗

我曾經經歷過這樣的事情：國二的時候，聽到有個同學批評我，說我走路時總是將下巴抬得很高，一副目中無人的樣子，他們非常不喜歡。我想這是天大的誤解，其實，我是因為駝背和走路姿勢不正確所造成，並不是有意的。然而對於這些所謂的「誤解」，我並不感到困擾，反而能泰然處之。

什麼是誤解呢？誤解，就是人們對事物不能全面而正確的去理解。如果要避免誤解別人，我認為需要有三面鏡子來幫助自己。首先要能夠明察秋毫，看待任何事情都要有如「顯微鏡」般，細膩的觀察，以免只看到部分的事實，而忽略掉其他的重點；又要如同「穿衣鏡」一樣，全面的觀照事物，除了要查看細微的部分，也不能忘記觀看整體，以免失之於片面；最後，要提醒自己不要變成「哈哈鏡」，心中保持公正、不偏私的態度，才不會將事物看得扭曲變形或是醜陋化。

誤解有善意與惡意的區別，對待惡意誤解的辦法，一般人是讓時間和事實去消除誤解，這道理似乎是正確的，但有時反而會加深誤解，或被人視為軟弱。我有個同學是個小留學生，有些同學認為他的家境應該很富裕，便常以羨慕的口吻說：「如果我家裡有錢，也可以出國讀書。」當這位同學考試考得較差時，那些同學就諷刺的說：「留學過的也沒有比較優秀。」讓他十分難過，但是他卻始終沈默以對，誤解也沒有中止過。所以我認為，面對誤解應該用「努力」去回敬，努力讀書取得好成績，將成功展示在惡意誤解我們的人面前。

被誤解，是每一個人都可能遇到的狀況，雖然難免讓人感到委屈和煩惱，但是在這個充滿誤解的世界裡，我們必須去理解這些誤解，也避免自己誤解別人，勇敢的面對，將誤解化為激勵的動力，才能擁有豁達的人生。

詩佳老師說作文

(1)**審題**：題目要談某個「經驗」，就是議論兼記敘的文章，可以提出生活上比較感情取向的例子，才會引發讀者情緒。除了寫自己被誤解，也要提及誤解他人的問題，並就面對誤解提出建議和做法，文章才算完整。

(2)**開頭**：使用冒題法，在開頭先描述自己被誤解的經過，但是主題的「誤解」，是直到這段快結束時，才緩緩的帶出來，可以營造出某種情境，讓議論文的閱讀變得輕鬆，屬於先敘後議法。

(3)**段落**：用了比喻法，主角發明了面對誤解時的做法，將這些做法比喻為三面鏡子，顯微鏡、穿衣鏡和哈哈鏡的比喻貼切而有趣，從譬喻中可見巧思，在議論文也可以發揮靈活的創意。

(4)**結尾**：運用勸勉法，勉勵讀者勇敢的面對誤解，採取積極的做法，將阻力化為助力，去培養豁達的人生觀。

結構：冒題法→比喻法→勸勉法

(二)演繹歸納

演繹和歸納是常用的證明方法，許多作家、漫畫家都會使用，他們會先編好劇本，才依照劇本來設計角色，這是「演繹法」；或者會先設計好每個角色，再照角色的性格寫劇本，就是「歸納法」。

小秘訣

1. 先總後分
2. 先分後總

1.先總後分

是先綜合論點之後，再舉出例子來分析。方法是以一個論點或想法為基礎，再舉出各種事實或現象，深入分析，並對這些資料下判斷，證明你的論點或想法是正確的，最後下結論。

演繹又稱作「先總後分」法，開頭先概括的總論題旨，再將題旨分出幾個層次，分配在後面的幾個段落中論述。如「駁逆境可以成材」，開頭先總論人不一定在逆境才能成材，下面分述莫札特的幾個例子，最後是結論。

駁逆境可以成材

人們常說「逆境可以成材」，但人不一定在逆境才能成材，雖然有人在逆境中成長，取得非凡的成就，但也有許多人處於資源充足的環境，同樣能努力勤奮，最後得到偉大的成就。莫札特是一位音樂巨匠，但他的家境卻與貝多芬的貧困截然不同。莫札特的祖先都會音樂，父親更是宮廷的作曲家和副樂長，使他從小就受到音樂的薰陶，接受良好的教育；他在八歲時寫出第一首交響曲，父親便傾全力讓他接受最完善的訓練，還經常帶他登臺演出。莫札特在創作上一直很努力，隨時隨地都在作曲，留下了許多著名的樂章。如果莫札特出生在一個沒有音樂素養、沒有樂器的普通家庭，也許在音樂史上，我們將找不到他的名字。所以逆境不一定可以成材，環境固然是成功的因素之一，但主要還是看一個人是否努力。

2. 先分後總

是先分析事證後，再綜合出結論。方法是先找出幾個事實當例子，個別去分析與觀察，找出他們共同的特點，進而推出論點，最後再歸納成結論。

歸納又稱「先分後總」法，如「改變不良的習慣」，開頭先分述幾個托爾斯泰的自我反省，再來議論改掉不良習慣的重要，最後作出結論。

改變不良的習慣

寫出《戰爭與和平》的俄國文學家托爾斯泰，年輕時曾檢討自己的不良習慣，並列在日記上。他認為自己缺乏毅力，做事容易半途而廢；常常自己騙自己，不願意面對現實；有少年輕浮的習氣，行事缺乏穩重；為人不夠謙遜，當自己有了成就，就會浮現驕傲的心態；脾氣太急躁，反而做不好事情；生活太放縱，影響到身體的健康；模仿性太強，不能自己思考創發，而影響了創意能力；最後是缺乏反省。後來托爾斯泰決心改掉這些不良習慣，邁上文學之路，終於成就不朽的地位。托爾斯泰的反省，也正是我們應該自我檢討的地方，因為不良習慣不是小毛病，它影響到人的整體形象。習慣，對人生有很大的影響，唯有發揮耐心和毅力，改變不良的習慣，成功才會來到你的面前。

題目：關於時尚

說明：時尚，是正在流行和被人喜愛的事物，這個名詞也是現代流行的詞語。有人認為時尚幫助自信感的建立，但也有人認為時尚代表人的盲從。你認為時尚是什麼？學生應該怎麼看「時尚」？請詳述自己的想法。

（模擬試題）

關於時尚

有一個名詞，現在正悄悄的流行著，越來越深入到你我的生活中；它會化身為各種不同的事物，點綴你我的生活，也能帶給我們新的思維、新的創意。有了它，你會覺得自己變得更前衛、更美麗了，但有時也因為它，我們可能會變得盲目而無所適從，它就是「時尚」。

現在時尚幾乎已經全面影響了我們的生活。一般來說，時尚分為物質與精神兩種，屬於物質上的時尚，諸如服裝、化妝品、髮型、裝潢，或其他有形的物；另一種是精神上的時尚，像是言行舉止、風度、創意等，屬於無形的表現。無論是哪一種，時尚都代表較為精緻的生活方式，其中蘊含了美感、藝術、創意，給人的感受是愉悅的。真正的時尚，是為了幫助人們創造更好的生活，讓生活更加便利、更有美感，而要創造時尚，更需要深厚的文化素養與藝術美感，才能融合成具有智慧的時尚。

然而許多人都誤解了「時尚」的意義，有人說：「時尚就是真理，名牌就是王道。」在膚淺的認識下，時尚成為昂貴的奢侈品和有錢人的專利；時尚變成追逐名牌，人們必須花大錢才能裝扮出「時尚的樣子」。常見到新聞報導，說有的學生年紀輕輕的，為了時尚而去整形；有的學生受到風氣影響，沒有經濟能力就嚮往名牌，甚至在同學之間互相比較「時尚的程度」，諸如此類可說是盲目的追求新鮮感，走向虛榮，都不算真正的時尚。

我認為，「時尚」是一種文化，有深刻的內涵，我們學生面對時尚時，要有自己的個性，除了注意外表的美，還要有充實的內在，積極的培養藝術美感，以創造美好生活和提高自身修養為目標，不要盲目追趕流行，內外兼具，才是真正時尚的生活方式。

詩佳老師說作文

(1)**審題**：「時尚」是社會流行、同學間常用的名詞，下筆前，應先了解定義，題目說明已經有解說，可以再重新解釋。寫作重心不在介紹物質的時尚，而是說明時尚對學生的影響，和學生面對時尚的態度。

(2)**開頭**：使用懸念法，用吊人胃口的手法，像猜謎一樣的點出幾個「時尚」的特點，乍看之下跟主題無關，最後再點出主題，是具有吸引力的寫法。

(3)**段落**：運用正反法，將相反的兩種觀念並列，造成強烈的對比，藉由反面來襯托出正面的意思，以增強主旨的說服力。先寫正確看待時尚的觀念，再舉誤解時尚意義的例子，並貼近學生的生活見聞。

(4)**結尾**：用了總結法，總結前面各段的內容，以學生的角度來看，說明學生對時尚應該有的態度和做法。

結構：懸念法→正反法→總結法

㈢前因後果

就像雞生蛋，蛋又生雞，凡事都有前因後果，這就是因果關係。有些題目本身就包含了因果關係，成為一種題型，特色是具有兩個主題，各代表因和果，如「我為人人，人人為我」、「欣賞別人，肯定自己」、「失敗為成功之母」、「付出與收穫」等。

小祕訣

有因就有果／沒有因就沒有果

什麼是因果關係呢？牛頓提出的「第三運動定律」說：當宇宙有一力施出時（作用力），必有一力回復（反作用力）。套用到事理上，好比你從小到大都很用功讀書

（因），現在如願考上第一志願（果）。正因為「因」和「果」像連體嬰一樣，是結伴而來的，所以「有因就有果，沒有因就沒有果」。

如「付出與收穫」，付出是「因」，收穫是「果」，如果願意付出時間和心力，努力讀書，考試時就會得心應手，考到不錯的成績，這就是收穫；反之，如果不願意付出，三天晒網、兩天捕魚，成績就無法進步，這就是「嘗到苦果」。

因此，如果題目是用因果關係，同學就可以像這樣作正面和反面的論述，舉出努力勤學和怠惰學業的實例，來支持你的論點，最後證明「業精於勤、荒於嬉」的道理。

題目：助人為快樂之本

說明：青年守則提到「助人為快樂之本」，就是只要願意幫助他人，就能夠得到快樂。想想看，「助人」和「快樂」之間的關係是如何？請就自己的經驗來舉例，並寫出你的想法。

（模擬試題）

助人為快樂之本

以前，在書上常看到「助人為快樂之本」這句話，但我一直無法了解它的真意，我懷疑幫助人真的能獲得快樂嗎？助人似乎是件吃力不討好的事，幫助別人之後，對方也不見得會感謝我。直到在課堂上，老師對我們說：「手心向上是求人，手心向下是助人。」我咀嚼這句話的意思，感覺意味深長。

終於有一天，我嘗到了助人的快樂。那天我背著書包，箭一般的向學校飛去。當我趕到上課的大樓，準備走走樓梯時，忽然看到一個男生，雙手拄著鐵枴杖，我往下看，發現他的左腳比右腳還要短二十公分，原來是患了小兒痲痺症，只見他吃力的一格一格往上爬，另一隻正常的腳雖然能幫他行走，但還是太緩慢了。我忍不住衝上前去對他說：「快遲到了！我背你上去。」他的眼神只和我交會了幾秒，就決定把「自己」交給我了。很快的，我將他背到他的教室，那時我心中充滿了喜悅，原來這就是助人的快樂啊！

從此以後，我們成了很要好的朋友，有時候下課時間，我會去他的教室找他聊天，有空就會一同討論功課。才剛認識沒多久，我就發現他是一個非常溫和、善良而且聰明的男生。他曾經告訴我身有殘疾的心情，他認為，人沒有怨天尤人的權利，因為要痛苦或是快樂的生活，都是自己的選擇，也都掌握在自己的手中，而他，選擇的是愉快的度過每一天。我非常欣賞他的成熟懂事，有了這樣的朋友，使我不知不覺成熟了不少，讓我高興的是，助人不只能得到快樂，還讓我得到了最棒的朋友。

「別人幫我，永誌不忘；我幫別人，莫記心上。」因為助人，所以快樂，雖然有些事情只是舉手之勞，可是對別人卻有著極大的幫助。現在每當我幫助別人，總能感受到快樂，至於對方是不是會感謝我，已經不再是助人的考量了，單純的助人，享受單純的快樂，人生會過得很有意義。

詩佳老師說作文

1. **審題**：題目是「因果型」，同學要先釐清因果關係，助人是「因」，快樂是「果」，如果能夠樂於助人，就能獲得快樂，反之自私的不助人，就無法體會那種快樂的滋味。

2. **開頭**：使用反起法，先從反面寫起，說自己原先不了解助人的意義，甚至誤解和懷疑助人的快樂，直到聽了老師的話，才開始思索這件事。這樣的寫法，能帶領讀者了解作者的「心路歷程」。

3. **段落**：用了故事法，以說故事的方法道出自己助人的經驗，其中也運用生動的描寫，使議論文更生動，而且更進一層寫出比快樂更好的事，就是交到一個很好的朋友，讓自己各方面都有好的影響。

4. **結尾**：運用引用法，引用相關的成語、格言、詩詞，或引用古今中外的史實與事例，來強調或證明自己的論點。引用「別人幫我，永誌不忘；我幫別人，莫記心上！」的話，然後加以說明，闡述自己現在面對助人的態度。

結構：反起法→故事法→引用法

(四)對等並重

從題目的結構來看，分成兩項式與三項式，由兩個或三個主題組成，每個主題的地位是相同的對等關係，都同樣重要，彼此並不對立矛盾。

寫作時，要先分清楚各個主題彼此的關係，每個主題都要分開來論述或舉例，如果少寫了其中一個主題，這篇作文就不算完整。

小祕訣

1. 兩項並重：AB並重
2. 兩項偏重：A重B輕
3. 三項式：ABC並重

1. 兩項並重

以兩項為主的題目結構是「A與B」或「A和B」，A、B之間的關係，又分為「並重」和「偏重」。

兩項並重是指A與B同樣重要，缺一不可，這類題目有「關心自己，關心別人」、「讀書與休閒」、「學問與道德」等，像學問與道德兩者都重要，追求學問也不能忽略修養品德。

題目：關心自己，關心別人

說明：有人說，青少年傾向個人主義，只想滿足自己的需求，如玩樂、追星、物質享受，對自己以外的事物不聞不問，有時對自己的健康、未來……也不關心。身為青少年的你，對這個現象有什麼看法？你如何做到「關心自己，關心別人」呢？

（模擬試題）

關心自己，關心別人

關心自己，你的愛就只能限於自己，就像圓規一樣以自我為中心，畫出一個圓，將自己關在圓裡面；關心別人，你的愛就可以擴及到全世界，就像數學符號的無限大，在人我之間搭起一條條充滿愛的橋梁。只要我們學會放下自私的心，無私的去關心更多的人，愛之橋就將鋪設到世界的每個角落。

我的媽媽最近正在一家醫院擔任志工，她對每個病人的詢問，總是以親切的態度來應對，還要帶著病人做各種檢查，整天在醫院的各個樓層中穿梭。看著她在醫院辛苦的服務，我不禁對她說：「志工這份工作的薪水這麼少，為什麼不去做別的事呢？」聽了我的話，媽媽認真的對我說：「這不是一份工作，而是在服務他人。人與人之間不能只講錢，應該要多一些關愛，只要你多去關心別人，同樣也會得到別人對你的關心。」聽了媽媽的話，我更加地尊敬她了。

的確，人與人不是只有金錢，對待他人也不是以施捨的心態，而是要出於最真誠的關心。人不能總是只想自己，也不能只關心自己的親朋好友，我們應該關懷更多需要幫助的人。人們共同生活在這個世界，如果人人都只顧自己，不去關心他人，這世界將會是冷漠的。近來環保人士對環境污染非常憂心，因為污染的情況有日益惡化的趨勢，當我騎著自行車奔馳在河岸上，總會聞到空氣中飄散的臭味，看到河面的白色泡沫；在街上也常見有人隨地吐痰，痰裡面的細菌如果透過空氣散播，會對他人的健康造成傷害。只知關心自己，而不懂關心別人，結果就是使更多的人受害。

全世界就像是一個大家庭，我們都是這個家庭的成員，應該像對待自己的親人一樣彼此關心，愛護環境如同愛護自己的家。只有放下自私的心，關心自己，關心別人，才會有人願意與你患難與共，願意做你的朋友，我們才會擁有一個溫暖的世界。

詩佳老師說作文

⑴**審題**：首先要分辨兩者的關係，同學除了關心自己，也要關心他人，兩個都同等重要。方法是先從關心自己出發，擴及到關心他人，並點出能夠關心自己，是對自己負責，對別人則是付出關懷。

⑵**開頭**：使用破題法，首先要把題目解釋清楚，關心自己定義為畫地自限與自私，關心別人則是一種無私，而且能把愛擴大到全世界。

⑶**段落**：用了對話法，主角藉由與媽媽的一番對話，來表現「關心自己，關心別人」的主題，這種寫法讓讀者宛如在讀故事一般。接著從反面舉例，點出「關心自己，不關心別人」產生的後果，與媽媽的例子對比。

(4)**結尾**：運用呼應法，最後再次點出主題，與第一段呼應，同樣運用若干的譬喻句來點綴，使文章前後呼應，成為一個完整的圓。

結構：破題法→對話法→呼應法

2.**兩項偏重**

兩項偏重，是指將A、B兩主題分出輕重，可分成「A輕B重」或「A重B輕」，類似題目有「健康與財富」、「求學與做人」、「屋寬不如心寬」、「做人與做事」等。

如「做人與做事」，「做人」可以略重於「做事」，因為做人關係到人的品德和處世態度，而且只會做事而不會做人，就無法與他人合作，所以「做人」更需要被重視。

題目：健康與財富

說明：有人說：「萬貫家財，不如健康的身體。」是將健康看得比財富重要；也有人說：「錢不是萬能，沒有錢卻萬萬不能。」是將財富看得比什麼都重要。健康與財富，是人人都想同時兼得的，你認為哪個重要？請寫下自己的想法。

（模擬試題）

健康與財富

每逢過年，我們隨處都可聽到祝福的話語，不外乎祝福別人：「身體健康，財源滾滾。」會成為祝福語，可見健康與財富對每個人都很重要。健康是人們所追求的，財富更是生存的必要事物，兩者同樣都不可或缺，但我認為健康比財富更加重要。

健康應該是人生當中最重要的，當一個人有了健康的身體，才會有充沛的活力，去創造輝煌的事業，享受得來不易的成果，可見健康是人生成功的基礎。其實健康就是財富，而且是人生中最大的財富，曾有人將健康與財富做了比喻：「如果『一』指的是健康，那麼，金錢就是後面的一個又一個『零』。當健康這個『一』還在的時候，後面的『零』越多，數字就越大，代表了財富越多；然而當你一旦失去了『一』，後面的『零』也就沒有任何意義，鈔票就成了廢紙。」

假如身體不健康，即使擁有很多財富，又有什麼用處呢？許多人用盡一生的時間與精力，去追求財富，終日為名利爭奪，不但因為體力的磨損，而在勞累中失去健康，更因為長期處於極大的壓力，使得心靈負擔沉重，造成身心失衡。試想，如果你可以選擇，你願意做一個躺在病床上呻吟的富翁？還是要做個能兼顧健康的上班族？健康是房子的地基，財富是建築在上面的豪宅，如果地基下陷了，上面的豪宅也會跟著倒塌，成為廢墟，所以說健康是一切的基礎。

健康與財富，雖然都同樣是人生不可缺少的，但人們應該要更加的重視健康，在繁忙的課業和工作之餘，撥出一些時間從事有益身心的活動，當身體健康了，精神飽滿了，就會有更大的動力去努力。別忘了，追求健康的同時，你也擁有了財富！

詩佳老師說作文

(1)**審題**：也是先分辨兩者的關係，兩者都不能少，但健康又比財富重要，因為健康是身心安寧幸福的狀態，有了健康，才有充沛的精神工作；財富只要努力就能獲得，失去健康卻難以恢復，只要把握住這點，就能清晰論理。

(2)**開頭**：使用冒題法，首先說一個相關的生活經驗，從新年祝賀的話語來帶出主題，說明健康與財富都不可或缺，最後表達自己的立場，點出健康比財富更重要的論點。

(3)**段落**：用了引用法，引用別人對健康與財富所作的比喻，來證明少了健康會造成什麼後果，接著再以設問法讓讀者選擇，思索自己要的是哪一種人生，最後在以地基與豪宅來比喻。本段綜合了三種作文的方法，同學要靈活運用。

(4)**結尾**：運用呼告法，用人稱的「你」來寫，彷彿和讀者面對面談話一般親切，勸告健康才是基礎，有了健康，才有力量開拓更美好的人生，最後用呼告的方式呼籲讀者要重視自己的健康。

結構：冒題法→引用法→呼告法

3.三項並重

以三項為主的題目，結構是「A、B、C」，主題一共有三個，如「真善美」、「用心看、用心聽、用心做」、「耐心、愛心、責任心」等。

這類題目的審題，如果將每個主題都分析，會耗掉許多時間，最快的方法就是先找出主題彼此的關係，找出一個溝通點，再從這個點來論述。如「請，謝謝，對不起」的溝通點是個「禮」字，就從「禮」來分別談這三個項目。

題目：真善美

說明：真、善、美是人生美好的境界，一般來說，科學的「大膽假設，小心求證」追求的是「真」；宗教、哲學或倫理道德所追求的是「善」；而藝術和文學提倡美感，追求的是「美」。請舉例分別說明，並提出你的看法。

（模擬試題）

真善美

真善美，就像特殊的鏡子，能讓我們照見事實與真相；真善美又如導火線，能引燃人們的求知欲；真善美也像掌管美的維納斯女神，能讓我們欣賞美的事物；真善美更是人生最完善美好的境界，如同一朵花，需要我們用心的播下種子，期待那美好的花朵綻放。

「真」就是實事求是，做人處事如果能實事求是，就可給人真誠的印象，而得到他人的信任。在與同學的相處上，同學之間真誠對待，課業或生活有困難就互相幫助，就是一種同學愛的表現；在做事上，就是腳踏實地的完成工作，沒有絲毫浮誇不實與虛偽作假，別人就會感受到你實在的態度，也會和你一起全力以赴，讓事情圓滿的完成。

除了「真」之外，我們還要培養「善」。善就是設身處地的為人著想，待人接物如果能存一份善意，就能將這份心擴大到他人，甚至推及萬物。在現代的社會，人與人的關係比較疏離，難免會以自我為中心，很少想到他人，如果我們能從關心身旁的同學、朋友開始，進一步去關心時事、關心社會，保持內心的善念，不僅可以美化自己的人生，也能淨化社會。

「美」則可分為自然的美與藝術的美，前者包含山水等美的事物，後者包括藝術和文學之美，這些都能豐富我們的心靈，陶冶我們的性情，也因為這種愉悅的感覺，所以人們樂意追求美。想要發覺美的事物，內心先要有美的涵養，我們應該在課業繁忙之餘，撥出一點時間欣賞好的電影，去看畫展和藝術品，或到大自然踏青，觀察萬物的美，自然能蘊積內涵，昇華我們的生命。

因為真誠實在，所以能得到善意的對待；也因為人人善意以對，所以能以溫柔的心，洞悉萬事萬物的美，所以真、善、美看似各自獨立，卻是密不可分。我們唯有不斷的努力，去開發那顆真實、良善和美好的心，才能真正擁有「真、善、美」的人生。

詩佳老師說作文

(1)**審題**：說明對真、善、美都有解釋，同學可以利用這些解釋再重新詮釋，並且配合適當的例子來說明，就能把定義說得很清楚。除了各自分析三者，最重要的是抓出三者的溝通點，就是「人生美好的境界」，成為文章的主旨。

(2)**開頭**：使用比喻法，先寫「真、善、美」的意義，運用各種比喻的方式，但是比喻時要注意，比喻的事物必須能切合真、善、美的意義。

(3)**段落**：用了列舉法，用分段來列舉三項主題的意義。第二段寫「真」的表現，第三段寫「善」的作用，第四段寫「美」的蘊涵，寫的時候記得夾入生活經驗的實例，文章才不會變成空泛的理論。

(4)**結尾**：運用總結法，總結各段的看法，說明三者看似獨立，但應該要同時具備，努力的培養，才能擁有美好的人生。

結構：比喻法→列舉法→總結法

(五)對立相反

這類的題目也屬於兩項式，但A、B兩主題的意義相反，彼此排斥，互相對立。就像同學平常寫是非題一樣，將兩個主題分出對、錯即可，可突顯事物的一體兩面。如「天使與魔鬼」，就是講人性具有「天使」與「魔鬼」兩種，天使是人性中的良知，魔鬼則使人犯錯，人要使自己擁有天使般的良知，才是正確的選擇。

小祕訣

A對B錯（是非題）

對立相反的A、B主題，將事物分為好與壞、善與惡、對與錯，這種比較對照的寫法，能使每個主題都被強化和突顯，不論是代表正方的「對」，還是反方的「錯」，都會因為「比較」而更加鮮明。如「美與醜」、「成功與失敗」、「勤勞與懶惰」、「謙虛與驕傲」、「自信與自大」等。

題目：是與非

說明：我們為人處事，必須有明確的是非觀念，才能正確的判斷事情，做出正確的決定，然而什麼是「是與非」呢？我們該如何做到明辨是非？請舉例說明清楚，並表達你的看法。

（模擬試題）

是與非

「是」就是正確的意思，指的是事理的正確性；「非」是錯誤的意思，也就是事理的不正當。是與非關係到做人處世的準則，所以我們應該要明辨是非，建立正確的判斷能力，才能正確的認識世界。

明辨是非說來容易，但要做到卻很難，我們常以自己主觀的立場觀察事物，以致每個人的看法都不相同，是非就很難判斷了。有個關於愛迪生的故事說到，有一回，愛迪生到工廠視察，卻發現工人一面工作，一面抬頭看牆上的掛鐘，期待著下班，於是他靈機一動，將掛鐘增加到四個，每個鐘的時間都不太相同，讓工人無所適從，只好專心工作了。「鐘」是生活上重要的物品，每個人都受到它的支配，但因為準確度的不同，所做的判斷便會受到影響，而人的主觀看法就好比故事裡的掛鐘，如果沒有客觀的資訊幫助我們，就可能做出錯誤的判斷。

所以，若要正確的判斷事理、明辨是非，就必須屏除我們主觀的看法，而採取客觀的態度來看待事物，最好的做法還是要多多參考其他的資訊，接納他人的建議，再去綜合比較才做決定。有一次姜太公勸告周武王：「國君喜歡聽人奉承，而且不拒絕讒言，就會把佞臣當作賢才，把不善的當作是善的，把不忠當作忠誠，這樣就會是非不分，國君一旦不能判斷事情，國家就會出現危險。」周武王便讚許姜太公的這番話，從此多方面的採納建言，這就是以客觀的方法來做正確的決定。

是與非雖然是相反的概念，但時常令人難以分辨，又由於不同的立場就有不同的是非判斷，所以我們要保持客觀，不要因為固執與驕傲，使我們的眼界、心胸狹窄。「實踐是檢驗真理的唯一標準」，我們應該運用各種資訊，實地觀察、檢驗，才能正確的立身處世。

詩佳老師說作文

1. **審題**：首先要把「是」和「非」的正、反面先分辨，「是」是正面，「非」是反面，各自舉出例子來說明，寫出正面的「得」和反面的「失」。此外說明提示要以經驗見聞來寫，但仍可提高到社會的是非層面。
2. **開頭**：使用解題法，開頭就先把抽象的是非問題解釋清楚，先個別的說明定義，再點出兩個主題的聯繫點，在於明辨是非的問題，好帶出下文的探討。
3. **段落**：用了對比法，讓兩個不同或對立的事物，能夠得到比較，例如黑與白、強與弱，從比較中突顯各自的特點。中間利用兩個故事，來說明客觀與主觀的不同，突顯了主觀的弊病與客觀的好處。

4. **結尾**：運用總結法，再將各段的主題總合起來，組成一個總結，點出「揚棄主觀、保持客觀」的處世態度，並且歸納出明辨是非的做法，給讀者參考。

結構：解題法 → 對比法 → 總結法

陸

多才多藝的應用文

- 一、考題統計
- 二、應用文的要領
- 三、應用文的種類
  - ㈠固定格式
  - ㈡選擇體裁
  - ㈢創意發揮——應用寫作

破解「達文西」神話

達文西，是個多才多藝的天才，他跨越了各種不同的領域，舉凡科學、藝術、醫學、文學，都有極大的成就。

達文西的才藝展現在各方面，他完成了多幅流傳千古的名畫，像〈蒙娜麗紗的微笑〉、〈抱銀狐的女孩〉、〈耶穌最後的晚餐〉，同時也是個科學家，在五百年就留下了潛水艇、飛行器、機關槍、坦克等手稿，又藉由仔細觀察與解剖屍體，而繪出超越時代的解剖圖，幫助醫學的發展，所以達文西不僅是個天才，還是一個多才多藝的創作者。

所以，人們往往將達文西給「神話」了，認為達文西是個「傳奇」，但其實想成為十項全能的天才，是有技巧的，並不是基因生得好，或一味的埋頭苦幹就可以。達文西的神話並不存在，在他的人生中，投入了幾乎所有的時間，在學習、實驗、實踐，努力的思考、檢討、修正，成就了現在我們見到的「達文西的神話」！

正如達文西那樣的「多才多藝」，應用文為了因應我們日常生活的需要，還可以任意的改變形式，所以是文體中最有才華的。應用文也具有豐富的交際手腕，可以在人們和機關、團體之間溝通交流。

靈活多變的應用文，也會隨著人們彼此的關係與社會進步的情況，來增加自己的才藝，這些才藝有：書信、便條、公文、契約、啟事、收據、借據、請帖、對聯、演講稿、新聞稿、文案、日記、電子郵件等，每種都有特殊的用途和格式，所以在考試前，同學應該要多去熟悉了解。

雖然應用文常被用在公務上，但卻不代表應用文的語言，都是那麼冷冰冰的。其實應用文的表達，可以像名畫〈蒙娜麗莎的微笑〉那樣，有如春光般的溫暖親切，使讀者閱讀起來更輕鬆；也可以展現創意，利用應用文的特點，寫出有趣的書信和文案，表現它充滿趣味的一面。

一、考題統計

國中教育會考測驗，希望培養同學將國文落實在生活的應用能力，讓語文如同隨身包咖啡，成為「能帶著走的知識」，所以重視「生活應用」的應用文，就成了考試的重點！

鑑往知來，下面是「90～97年基測應用文考題統計」，我們可從中得知應用文在大考的重要性：

90～97年基測應用文考題統計

年／題型	題辭	書信	標題	廣告	柬帖	對聯	稱謂語
90	1	2	3	1	1	0	0
91	1	1	1	1	1	1	1
92	2	0	2	0	1	1	1
93	1	3	1	2	0	2	0
94	1	1	1	2	0	1	0
95	2	1	1	0	0	0	0
96	1	0	0	0	0	0	0
97	2	0	1	3	1	0	1
總計／題	11	8	10	9	4	5	3

題型＼年	90	91	92	93	94	95	96	97	總計/題
收據	0	0	0	0	1	0	0	0	1
總計/題	8	7	7	9	7	4	1	8	

從上表我們觀察到，應用文是基測必考的項目，由於種類多樣，所以常出現在「語文測驗」，以格式、內容解讀、句型、用語等題型，測驗你對應用文的熟悉度。

從表格中，也可以了解哪一種應用文的「才藝」，是最常被命題的。「題辭」是狀元，在基測出現的頻率最高，學會正確的題辭可以避免失禮；「標題」是榜眼，要你學會自定文章的標題；「廣告」是探花，要你解讀出廣告的用語。

此外像許多推甄考題，也常以應用作文的方式，要求同學撰寫書信、報告、廣告文案等，題目都出得相當靈活，如果同學要訓練自己的頭腦與創意，就可以多多練習應用作文的寫作。

二、應用文的要領

就像達文西給人「獨特」的感覺，應用文的獨特，就是具有特定的格式，得要按照規定來寫，和其他的文體非常不同。也因為應用文的種類太多，下筆前，我們應該先掌握幾項要領：

(1)**遵守格式**：就像個「變形蟲」，應用文會隨著用途和對象的不同，而改變格式，像廣告和書信的用語就不同。所以要先判斷題目要的是什麼，是書信？還是柬帖？才能「對症下藥」，選擇正確的格式和用語。

(2)**文字得宜**：應用文並不是「老古董」，雖然它的歷史悠久，許多格式都被沿用，但我們還是要適應現代的需要。如果從前寫「父親大人」，現在可能會出現「親愛的爸爸」，只要文字得宜、符合禮儀、資訊正確就可以。

(3)**體裁適當**：應用文可以根據文章的性質，來量身訂作，選擇適當的文體來下筆。如果內容需要敘事，就用記敘文；需要注入感情，就用抒情文；要講道理時，就用議論文。適當搭配撰寫的體裁，才會達到你期待的效果。

三、應用文的種類

以下依照應用文的特色，分成需要遵守格式的「固定格式」、要搭配文體的「選擇體裁」，和需要創意的「發揮創意」三種，再配合考題詳細解說，讓同學能完全掌握應用文的應考技巧！

㈠固定格式

主要考同學正確掌握使用格式的能力，會先給你一則簡短的文字或情境，但出題的焦點會放在「格式」，只要事先將特定的格式和用語熟記，多練習考題就沒問題了。

1. 書信

題目會仿信封、仿信箋，分別考書信的稱謂、自稱、末啟詞，和信函內容的解讀。其中稱謂、自稱和末啟詞的種類繁多，容易混亂，更是命題的重點！

書信的格式主要包含稱謂、正文、自稱、署名和末啟詞，下圖是各部分的位置圖：

上款
問候語
正文
祝福語
署名
日期

(1)**稱謂**：包括「名」、「稱呼」和「尊詞」。過去對親人用稱呼或尊詞，如「祖父大人」、「父親大人」、「大哥」等，但現在我們習慣將尊詞省略，只用稱呼；而對其他人則將名和稱呼連用，如「詩佳吾師」、「慧宜同學」、「一凡兄」等，其中「祖父」、「父親」、「師」、「兄」、「同學」是「稱呼」，「名」就是詩佳、慧宜、一凡等名字。

(2)**正文**：一封信寫的內容和傳達的訊息，叫做「正文」。正文的寫法如同一般文章，只是多了個步驟——必須遵守書信格式，請參考「選擇體裁」的說明。

(3)**自稱、署名和末啟詞**：「自稱」是寫信人對收信人稱呼自己時用的，通常字體比較小，位置放在署名的右上。

當你把信寫完後，就要「署名」表示負責。對親人寫名就好，對別人就要寫姓名。「末啟詞」在正文結尾，現代人通常對長輩用「敬上」，對平輩和晚輩用「上」。常用的末啟詞如下：

對象	末啓詞
對祖父母、父母	叩上、叩稟、謹稟、敬稟
對長輩	謹上、敬上、謹啓、敬啓
對平輩	敬啓、拜啓、鞠躬、頓首
對晚輩	手示、手書、手字

(4)**其他**：包括祝頌語、附件語和附啟語。「祝頌語」是問候、祝福受信人的話，「祝」字要開新行、低兩格寫，頌語再另開新行、頂格寫。「附件語」表示信封內另有附

件，寫在問候語的左下；「附啟語」是寫完信後覺得不夠，附加補充。常用的問候語如下：

對象	祝頌語
對長輩	敬請 福安、恭請 崇安、敬請 教安
對平輩	敬請 大安、順頌 時綏、敬請 台安
對晚輩	順頌 近佳、即詢 近好
對病患	敬請 痊安
對居喪長輩	恭請 禮安
對居喪平輩	敬請 禮安

(5)**封文**：書信分成封文和箋文。封文是寫在信封上的文字，箋文是信的內容，「啟封詞」就是要求別人「恭敬的打開信封」。常用的啟封詞如下：

對象	啓封詞
對親屬長輩	福啓、安啓
對普通長輩從事軍公職者	鈞啓
對普通長輩從事教職者	道啓
對一般長輩	賜啓
對平輩從事軍公職者	勛啓
對平輩從事教職者	文啓
對平輩從商者	台啓
對一般平輩	大啓
對晚輩	啓、收啓
對居喪者	禮啓

題目：

九月十日，北京大學開學了，謝舒怡在八日就抵達學校宿舍，等安頓好以後，就寫了封家書寄給台灣的母親，請她放心。這封信的內容如下：

女自拜別慈顏，已經抵達北京五日，學習順利。稍後女即返回學校宿舍，整理次日研討會之資料。北京大學環境優美，設施完善，女每日燈下讀書，作息規律，況有舅父、舅母照顧飲食起居，請大人釋念。

說明：請用以上的內容，依照應用文的書信格式還原成一篇家書。

（模擬試題）

母親大人膝下：

女自拜別　慈顏，已經抵達北京五日，學習順利。稍後女即返回學校宿舍，整理次日研討會之資料。北京大學環境優美，設施完善，女每日燈下讀書，作息規律，況有舅父、舅母照顧飲食起居，請大人釋念。肅此　敬請

福安

女舒怡敬稟　九月十日

2. 題辭

這類題目就像在考成語測驗，多半含有典故，同學可以當作成語來準備，方法就是要「深入了解意義」。

題辭是用來贈送和表達對人的讚美、祝賀、哀悼的簡短語句，寫作上要掌握以下的要領：

(1)**字句正確**：要認清人、事的關係，用適當的字句，以免鬧笑話或是失禮。像贈給結婚新人的題辭，卻用贈給喪家的「音容宛在」，就非常失禮。

(2)**平仄和諧**：題辭的平仄類似對聯，多用四字一句，押韻上避免四平四仄，而是次字平聲，末字仄聲，如「明珠入掌」；或次字仄聲，末字平聲，如「緣定三生」。

(3)**格式正確**：正文要由上而下直寫，或由右而左橫寫，位置在紙張或匾額的中央。

項目	類別	題辭
慶賀	訂婚	緣定三生、文定厥祥、白首成約
	結婚	花好月圓、百年好合、鸞鳳和鳴、珠聯璧合、佳偶天成、鳳凰于飛、天作之合、詩詠關雎、鐘鼓樂之、秦晉之好
	出嫁	于歸協吉、跨鳳乘龍、桃灼呈祥、桃夭及時、妙選東床、燕燕于飛、之子于歸、宜爾室家、宜其家人、秦晉之好
	生子	天賜石麟、熊夢徵祥、鳳毛濟美、喜得寧馨、積善餘慶、螽斯協吉、瓜瓞綿綿
	生女	明珠入掌、弄瓦徵祥、喜比螽麟
	男壽	松柏長青、椿樹長青、南極星輝、南山並壽、天賜遐齡、德碩年高、齒德俱尊、萬壽無疆
	女壽	萱堂日永、春滿北堂、帨輝增華、彝德壽考、春滿瑤池、果獻蟠桃、繡閣長春
	雙壽	椿萱並茂、極婺聯輝、酒介齊眉、弧帨齊輝

項目	類別	題辭
哀輓	老年男喪	福壽全歸、跨鶴仙鄉、道範長存、斗山安仰、老成凋謝、南極星沉、泰山其頹、梁木其壞
	中年男喪	人琴俱杳、德業長昭、哲人其萎、音容宛在、反璞歸真
	少年男喪	修文赴召、壯志未酬、天不假年、英風宛在
	老年女喪	母儀足式、女宗安仰、慈竹風淒、駕返瑤池、萱萎北堂
	中年女喪	彤管流芳、壼範猶存、淑德永昭、彝範長流
	少年女喪	蘭摧蕙折、繡閣花殘、曇花萎謝、鳳去樓空、玉簫聲斷
	師長喪	高山安仰、立雪神傷、教澤長存、風冷杏壇、桃李興悲、淑教流徽
	友喪	心傷畏友、響絕牙琴、痛失知音、人琴俱杳、話冷雞窗、西窗無語、伊人宛在、寢門雪涕
居室	新居落成	昌大門楣、美輪美奐、堂構更新、鳳棲高梧、福蔭子孫、耕讀傳家、積善之家
	遷居	良禽擇木、德必有鄰、鳳振高岡、出谷遷喬、里仁為美、孟母遺風、鶯遷喬木

項目	類別	題辭
開業	商店	業紹陶朱、大業千秋、萬商雲集、近悅遠來、駿業宏興、鴻猷大展、利用厚生
	醫院	杏林春暖、扁鵲復生、華陀再世、著手成春、方列千金、仁心仁術
	飯店	賓至如歸、群賢畢至、近悅遠來、高軒莅止
	書店	名山事業、文光射斗、斯文所賴、琳瑯滿目
	學校	時雨春風、濟濟多士、敷教明倫、百年樹人、贊天地化、英才淵藪、卓育菁莪
比賽	體育	允文允武、技藝精湛、我武維揚、健身強國
	演講	音正詞圓、詞嚴義正、立論精宏、宏揚真理
	書法	翰苑之光、健筆凌雲、秀麗超倫、龍飛鳳舞
	音樂	高山流水、玉潤珠圓、新鶯出谷、繞梁韻永
	論文	理暢辭清、情文並茂、倚馬才長、妙筆生花
名勝		江山如畫、山清水秀、煙波萬頃、曲徑通幽

項目	類別	題辭
題畢業紀念冊		鵬摶九霄、扶搖直上、雲程發軔、學問初基、盈科而進、友誼永固、術有專精、鵬程萬里、鶴鳴九皋
賀當選		眾望所歸、造福邦家、憲政之光、德劭譽隆

題目：

「中華民國口才協會」為了響應心靈改革，宏揚倫理孝悌精神、培養演講人才，並提倡孝悌，實踐倫理，舉辦第二十一屆「孝悌倫理演講比賽」。某同學得到國中組的全國冠軍，親友們都感到十分光榮，便送他一塊匾額表示慶賀，上面題著：

解答： 音正詞圓、詞嚴義正、立論精宏、宏揚真理皆可。

（模擬試題）

3. **對聯**

這類題目主要考你格式，尤其是平仄和對仗，多半考填空詞語、詞語代換、辨別使用的場合和對聯的含意等。

對聯是中文特有的文學形式，由於中文字單音節、有聲調、一字一義的特性，就發展成具有對稱美的文學樣式。形式上，將文字相對、意義相聯的文字排比起來，就成為對聯，又稱「桃符」、「聯句」、「聯語」、「對句」、「楹聯」。應答時要掌握以下的要領：

(1) **措辭適當**：要認清對象和用途，措辭適當。

(2)**對仗工整**：上聯與下聯的字數相等，詞意相對，詞性相同。如名詞對名詞，動詞對動詞，形容詞對形容詞，動物對動物，植物對植物，顏色對顏色，數字對數字等。如果不只一句，上下聯的句數就要相等，句型相同。

(3)**平仄和諧**：平仄格式和律詩相同，可以「一三五不論，二四六分明」。上下聯平仄相對，尤其最後一字，上聯是仄聲，下聯是平聲，這是對聯「仄起平收」的原則，如：

天增歲月人增壽——平平仄仄平平仄（起）

春滿乾坤福滿門——平仄平平平仄平（收）

(4)**格式正確**：文字一律由上而下書寫，正文的字必須大於題款的字，「署名」通常是姓名連用。

用紅紙條幅寫成的對聯，是人們日常生活最常接觸的文學形式，分辨對聯使用的場合，也是準備考試的重點。根據用途，大致可分成四類：

類別	用途
春聯	是新年專用貼在家中大門的門聯
楹聯	用於宅第、庭閣、商店、寺廟等
賀聯	在婚嫁、壽慶時使用
輓聯	哀悼死者所用

題目：

星期天，班上幾個同學到國文老師家吃飯，大家驚訝的發現，老師家中的每個房間門口，都貼了對聯，十分的別致典雅。請問，老師的客房門口貼的是哪一幅對聯？請詳閱情境和對聯內容作答。

1.天增歲月人增壽，春滿乾坤福滿門。
2.世事洞明皆學問，人情練達即文章。
3.莫放春秋佳日去，最難風雨故人來。
4.菜根何妨細嚼，肉食未必無謀。

（模擬試題）

解答：3。

1. 天增歲月人增壽，春滿乾坤福滿門。（大門春聯）
2. 世事洞明皆學問，人情練達即文章。（書房）
3. 莫放春秋佳日去，最難風雨故人來。（客房）
4. 菜根何妨細嚼，肉食未必無謀。（餐廳）

㈡選擇體裁

應用文的內容撰寫，仍然脫離不了記敘、抒情、議論的寫法，所以要先熟悉三大文體，再掌握應用文的格式，就能完成一篇好的文章。

這類題目也要求符合應用文的格式，內容要選擇適當的文體，是格式與體裁並重的題型，在各種應用文中，只有「書信作文」能兼顧這兩種訴求。

書信的種類，依照內容和目的可分四類，包括論學、說理、勸勉的「議論」；問候、思念、聯絡感情的「抒情」；家書、祝壽、問病、報告近況的「敘事」；以及請託、介紹的「應用」。無論是哪一類，都要把握以下要領：

⑴**層次清楚**：書信和一般作文的結構差不多，分成開頭、中段和結尾，只要段落分明、層次清楚，寫法適合所要表達的內容，就能得到不錯的分數。

⑵**認清對象**：寫信前，必須認清你所寫信的對象，因為對象會影響用字遣詞的語氣，像寫信給師長和寫給親朋好友、同學的表達方式就不一樣。

⑶**注意格式**：就是「固定格式」提到的稱謂、正文、自稱、署名和末啟詞等格式，寫作時要注意正確的用法。

這裡從應用文的格式，結合記敘、抒情、議論三大文體的寫法，提供撰寫書信的三個祕訣給同學參考，分別為追憶抒情、夾敘伴講和歸納演繹：

小祕訣

1. 夾敘伴講：對方—自己—對方
2. 追憶抒情：回憶＋關心＋晤談
3. 歸納演繹：分論→分論→結論

1.夾敘伴講

用在回信時最適合。寫信時使用記敘文寫法，在敘述對方過去的點滴時，插入自己的經驗和想法；在談到自己的時候，也關心對方，這樣時而寫對方、時而寫自己，夾雜著敘述，就能把彼此的近況、想法，緊密的聯繫在一起，讓彼此都有參與感，也能表現兩人不同於一般的情感。

題目：給表妹的一封信

說明：貞雅和小惠是一對表姊妹。某天，小惠寫了一封信給表姊，提到自己的學習狀況，而貞雅回信時，想到上個月表妹打來的電話，於是寫封信回覆。假設你是貞雅，讀過下列的提示後，寫一封六百字以內的回信，主旨自擬。

1. 貞雅是表姊，小惠是表妹。
2. 小惠的在校成績是全校第三名，貞雅的國中會考成績表現很好。

3.小惠一直為自己的長相不夠漂亮、身高不夠高而煩惱。

（模擬試題）

給表妹的一封信

小惠：

今天收到妳的信，知道妳在學校的成績名列前矛，而我也剛好收到會考的成績單，分數不錯，應該能考上好學校。我們兩人在學業方面都有好的成果，真令人高興！

看著妳寄來的照片，我忽然發現妳長高了，紅潤的臉頰看起來十分健康，我不由得想起妳上個月的來電，電話中的妳，好像有點沮喪。妳說妳非常羨慕同學，那時我很好奇，就問妳羨慕什麼？妳的聲音突然得很小聲說：「我覺得自己長得不漂亮。」我覺得很驚訝，但是卻不知道該怎麼安慰妳。

其實，我自己平常很少會想到「漂不漂亮」的問題，不是因為我覺得自己長得漂亮，而是「漂亮」本來就很主觀，如果有十個人看妳，可能就會產生十種不同的看法。每個人都用自己的標準和喜好來看別人，那麼漂亮的標準是什麼呢？

小時候，我就是個外向、很男孩子氣的女孩，從來沒有人說我漂亮，而我也從不認為自己漂亮。有一天，隔壁班的女生忽然跑來說：「貞雅，妳很耐看耶！」我才發現每個人對於美的感受，是那麼不同！在我眼裡，妳的美是來自善良的心、優異的表現和高挑的身材；在長輩眼中，妳的美是來自乖巧和健康的氣色；在同學眼中，妳的美是燦爛的笑容和親切的態度。既然美表現在這麼多方面，我們又何必只在意臉蛋的漂亮呢？

每個人的想法都不同，漂亮的定義也很廣泛，其實如果我們的內在美好，就會展現在外在，而給人舒服的感覺。所以我們要珍惜自己的美麗，培養氣質，並且保持乾淨整齊，努力讓自己成為個內外兼具的人。

祝

事事順心

表姊　貞雅　上

七月二十四日

2. 追憶抒情

寫信時用抒情文的寫法，把你的回憶和關心，放入信中，讓收信的人感動，並引起共鳴。

常用在寫信給好久不見或很少聯絡的人。開頭可先喚起對方的回憶，拉近彼此的距離；接著關心對方的近況，讓對方感到溫暖。用字遣詞彷彿面對面聊天般的親切，帶著濃郁的情意。

以「給同學的一封信」為例，作者寫信給畢業後很久不見的小學同學，從觸景生情開始，回憶過去兩人相處的點點滴滴，帶出心裡的思念：

題目：給同學的一封信

說明：思琪和欣怡是一對從小到大的好朋友。但思琪上了國中以後，就比較少和欣怡聯絡，於是決定寫一封信給她。請讀過下列的提示，寫出一封五百字左右的回信。

1. 思琪住在台灣，欣怡小學畢業後就移民到加拿大了。

2.思琪寫信的時候，兩人都才剛國中畢業。
3.信的主旨是思琪表達對欣怡的「思念」。

（模擬試題）

給同學的一封信

欣怡：

近來好嗎？妳的爸媽和弟弟明道的近況如何？他們身體還健康嗎？請妳代替我問候他們。自從小學畢業以後，你們全家移民到加拿大定居，我們就沒有機會再見面了；現在，我們都將要升上高中，我最關心的還是遠在國外的妳，在外國學校的學習狀況是否順利？

過了梅雨季節，轉眼又到了驪歌輕唱的時候。氣候炎熱，畢業的時間又到了，外頭又是刺眼的陽光，即使躲在屋內，也躲不了夏季炎熱的緊迫盯人。每到這個季節，我總是想起我們畢業的那個夏天，記憶裡，空氣氤氳浮動著制服被烈日蒸出來的香味，我坐在操場旁的樹下寫這封信，想著我們過去深厚的友情。

小學畢業後，我們各自因為課業的繁重，以及適應國中的新生活，使得聯絡減少了。偶爾妳捎來音訊，我就有如獲得珍寶，時常反覆的閱讀妳的信。有時妳提到和同學相處的問題，也和我遭遇過的事情類似，於是藉著書信，我們互相鼓勵，互相安慰，並針對彼此的優缺點，誠懇的提出建議，我想，這樣的友誼不但能夠維持長久，更能讓我們在風雨中同行，一同成長。

時空的距離，無法消減友情的純粹，我們仍然可以憑藉書信，來傾吐心聲，一起分享快樂，也一起分擔苦痛。希望未來我們有更多的聯絡，來延續這份得來不易的友誼。

祝

全家安好

友 思琪 上

六月四日

3. **歸納演繹**

寫信用議論文的方式，在勸告對方或說理時，運用典故、分析利弊、提出自己的想法，最後寫出關心叮嚀的話，就能順利的說服對方，達到寫信的目的。

以「給弟弟的一封信」為例，作者利用歸納法，先分析後作結論，分析身為學生就要抱著積極的心態來學習，日後才能有所成就，並且勉勵弟弟要勤學：

題目：給弟弟的一封信

說明：志遠和志強是兄弟關係，因為志強寫信給哥哥，內容是抱怨學習的狀況、抱怨老師教得不好，以至於成績不佳，哥哥便回信鼓勵志強。請讀過下列的提示，寫出一封六百字以內的回信。

1. 志強是國一生，志遠是高一生，兄弟倆讀不同的學校。
2. 哥哥住校，弟弟住家裡。
3. 志強對於寫作業的態度，並不是很勤奮。

（模擬試題）

給弟弟的一封信

志強：

你的學習生活怎麼樣？讀書、考試還順利嗎？你現在是國中一年級，很快的就要升上國二，未來也將面對國中教育會考測驗的考驗，必須積極的學習和準備，才能為未來的會考考試，奠下堅實的基礎。

上次你的來信說到，學校某個課程的老師教學十分沈悶，所以你有許多埋怨，也漸漸失去學習的興趣和熱情；老師交代的作業，你也提不起精神來寫，心態變得消極。但是其實你應該要了解，雖然老師的教學乏味，但這不能成為學習怠惰的藉口，誰說學生只能在有趣的課堂才能學習？老師的教學風格，並不是學生能夠掌握的，所以你應該要思考自己能掌握的部分，培養積極的學習態度和有效的學習方法。

如果我們能以積極的心態看待「學習」，就能將學習過程中遇到的挫折，轉化成學習的動力，甚至可以從中得到樂趣。學習的方法有很多，提供給你幾點作參考：首先要確立目標，當你設定好目標，就能針對目標蒐集資訊，成為你進步的動力；其次是專一，只有心無旁騖，才能對課程有更深的認識和理解；再來是檢討過去的學習方法，找出最有效的技巧，就能夠事半功倍。

因此，目前你最重要的，是擺脫消極的學習心態，不再抱怨，並且積極的確立學習的目標；找到目標後，就專注認真的鑽研老師所教的內容，再找出適合自己的學習方法。與你共勉之。

祝

學習順利

兄 志遠 上

四月十日

題目：給〇〇的信

說明：因為科技進步，生活步調快速，人們為了爭取時間，往往藉由電話來溝通，但利用文字寫信不但能傳達情意，更能作為永久的紀念。試想，你是否有個很想念的人，他可能遠在異地，也許已經不在人世？請寫一封五百字以內的信，表達你心中的情感和思念。可不遵守書信格式。

（模擬試題）

給祖母的信

親愛的奶奶：

您現在好嗎？您應該過著悠閒而無煩惱的日子吧！我十分想念您，還記得我小時候和您一起生活的日子嗎？

大概在我讀幼稚園時，有天晚上，爸爸媽媽帶我回您的家吃晚餐。一進門，我就聽見廚房傳來炒菜的聲音，還有青菜的甜香，充滿了整個房子。我興奮的跑進廚房，看到您炒菜的背影，那時您的頭髮只有一些花白，短短的，但是非常有氣質。我心中想：奶奶不但美麗，又能燒得一手好菜，我真是個幸福的孩子！現在想到這裡，就深覺應該向您好好的學習作菜。

小時候，我最喜歡吃您做的冰糖燕窩，記得您將燕窩和冰糖、牛奶一起熬煮，再加上香甜的蜜橙薄片，使燕窩的顏色呈現黃白相間。我舀起一匙放入嘴裡，細細品嘗它的口感，只覺得那香滑清脆的燕窩在口中慢慢溶化，口感獨特。這燕窩裡有您滿滿的愛，令我永生難忘！

雖然在我長大以後，因為課業的忙碌，比較少回南部探望您，但每次見到您，您都對我非常的好，總是拉著我的手問我的近況，關心我的健康和學業，也不辭辛勞的下廚做我愛吃的菜。在我心中，每一個對您的回憶都是最美、最溫暖的，您聽見了嗎？

祝福您在天堂過得快樂！

(三)創意發揮——應用寫作

語文是個有趣的東西，深深的影響我們的生活，每天翻開報紙就會看到新聞，和同學寫電子郵件聯絡感情，一開電視就聽見精采的廣告詞……，語文和生活是那麼的密切。

學語文不只為考試，還能應用在生活上，像「應用寫作」就是以應用文的形式來撰寫，內容著重創意，測驗同學將語文落實在日常生活的能力。

應用寫作和一般作文不同，通常不會有什麼限制，比較能自由發揮。考試時，要讀清楚題目的說明，認清寫作方向與限制，才不會讓你發揮的創意，偏離了題目的要求。

這裡，將介紹考試常出現的創意書信、廣告文案，藉這練習這兩種題型，使你成為充滿創意的人，也許，你就會成為未來的「王偉忠」或是「賴聲川」！

1. 創意書信

除了寫信給現實世界的人，也可以發揮想像力，寫一封信給歷史人物，如秦始皇、岳飛；或寫信給虛構出來的人，如哈利波特、電影裡的英雄；也可以用擬人法，寫信給無生命的「物」，像書本、電視、桌子。透過這樣的寫作訓練，可以提升你的想像力和角色扮演的能力，使你寫出來的文章都充滿創意。

題目：給〇〇的一封信

說明：過去，我們寫信和人們交流情感、溝通思想，但如果把寫信的對象，改成「非人類」的動、植物或無生命的物，用另一種思考來寫信，就能產生各種創意。請參考下面的題目，任選一項作為主題寫成一篇文章，字數在三百字以內，不必遵守書信格式。

1. 給水溝的一封信
2. 給開心的一封信
3. 給榕樹的一封信
4. 給寵物的一封信

（模擬試題）

給水溝的一封信

親愛的水溝先生：

你最近好嗎？還是一樣受到許多人的欺負嗎？是否還有許多深藏在內心的不滿呢？

我是一個國中生，從小時候到現在，每天上下學時都會經過你的身旁。記得從前常聽你發出涓涓的水流聲，偶爾會有小魚、小蝦搭你的便車，愉快的漂流到溪裡。你每天幫助我們排放路邊的積水，還幫忙疏通水流，工作辛苦卻很有意義。但不知從何時開始，我經常看到人們丟菸蒂或垃圾在你身上，於是決定寫封信來安慰你。

我覺得你好可憐！要忍受人們不斷的欺凌，有時人們會吐痰在你身上，有時人們會丟糖果紙、果皮、空鋁罐在你腳邊，讓你感覺很不舒服。那些人真是不應該！不但沒有公德心，也不願意體諒你的辛勞，如果下次我再看到人們欺負你或是你的兄弟姊妹，我一定會阻止他們，而我自己也絕對不會做出傷害你的事。

最後，祝福你天天快樂！

詩佳老師說作文

(1)**審題**：題目指定的主題，都是非人類的「物」，建議同學以擬人法來寫作，並運用想像力，將水溝、榕樹、寵物和抽象的開心，都當作「人」來寫。

(2)**構思**：寫作時，要先了解「物」的特質、對人類的貢獻，及在人類生活中產生的作用，用關懷的角度出發，才能表現文章正面的意義。首先對水溝的貢獻表示讚美，接著寫人們亂丟垃圾對水溝造成的傷害，用今昔法寫出從前的乾淨和如今的髒亂，表達出水溝的無奈和你的同情之意。

2.**廣告文案**

好的文案能觸動人心，幫宣傳的主角加分，達到宣傳和行銷的目的。我們常在生活中看到許多出色的廣告詞，像台北捷運地下街廣告燈箱有一則：「沒有客服不了的事」，就是在為「客服部門」打廣告，令人印象深刻。

文案的內容包含「主標、副標、正文」三部分，可加上廣告語。形式上會隨著創意而改變，但仍然是一篇說明文字，所以內容要簡明易懂，把文字分段、分行條列，使用散文或新詩的體裁，最能達到效果，同時要避免艱澀的字詞。

文案的寫作，並不是堆砌文字，而是先在心中勾勒出畫面，再與文字搭配出動人心弦的組合，重點是呈現新穎的觀點或意念，如果能用誇飾或對比的手法來表現，就更能吸引讀者目光。《中國時報》曾有個經典文案，令人拍案叫絕，其中「知識使你更有魅力」一句，還得到廣告流行語金句獎：

標題：中國時報

正文：知識使你更有魅力

你傾斜45度角看報的姿勢有形而上學的氣息
從北愛和平協議，到基因複製，到聖嬰現象
你關注世界的程度令人嫉妒
在超文本的網路社會，你是欲望的解放者
在混亂的現實中，你的言語帶著拘謹的魅力
看你閱讀時的專注讓人恨不得把自己變成文字
你覺得思考有時候就是一種性感
而學習才是你永遠青春的祕密。我愛你

聰明人用知性保持致命的吸引力

廣告語：資訊，聰明，優勢——中國時報

（來源：《中國時報》廣告）

詩佳老師說作文

(1)**審題**：文案形式雖然要視創意而定，但基本上是一篇說明性的文字，也由於是在「說明」，所以必須注意文案內容的普及性，要讓大眾看得懂，盡量避免使用艱澀、學術的用語。

(2)**構思**：這篇簡短的文案，包含的意義卻十分豐富。內容完全從「人」的角度出發，說明看報紙的人多麼具有人文氣質、關心世界、博學多聞、言語得當、善於思考、性感、永保青春、具吸引力，讚美看報的種種優點，營造出看報紙就能具有優勢，可以說完全打動「人」的心。

柒

會考作文快速攻略

本書整理出會考作文的題型，總共有二十四種，體裁則有四大文體，教會同學不管遇到任何題型，都能立即選用適合的文體，加上五十種開頭、段落、結尾皆適用的作文方法，帶領你自由的組合變化出各種技巧，使文章充滿飛躍的靈動。

透過以下歸納的五十個「小祕訣」，以及五十八個參考的作文題目，加上第壹章的「會考作文創意訓練」，勤奮的習作，就能使你的寫作成績大躍進，成為六級分的贏家！

會考作文快速攻略表

文體	題型	小祕訣	參考題目	開頭→段落→結尾
創意作文	情境寫作	角色轉換	水族箱的魚	結果法→心情法→批駁法
		時空挪移	回到過去	虛實法→懸疑法→結局法
		場景重現	老外逛夜市	摹聲法→通感法→假設法
	看圖寫作	解讀→串聯→描寫	人生，就是堅持到底	正反法→懸念法→勸勉法

文體	題型	小祕訣	參考題目	開頭→段落→結尾
	伸縮接續	擴寫：擴展思路	不要小看自己	解題法→比喻法→總結法
		縮寫：濃縮提煉	遇見一株樹	破題法→特寫法→啓示法
		改寫：變形再生	舊詩新作——過故人莊	原因法→遠近法→期勉法
		仿寫：模仿創新	愛梅小記	列舉法→情景法→呼告法
		續寫：補充空缺	正確的決定	結果法→回憶法→感想法
	組合作文	組織→串聯	那些紅顏	解題法→列舉法→呼應法
	詩文賞析	欣賞+評論	文章賞析——陋室銘	原因法→垂直法→總結法
記敘文	寫人	外表→性格→思想	一張舊照片	段落示範
		心理→思想→行為	一件後悔的事	段落示範
		語言→行為→性格	我心中的偶像	段落示範
			我最難忘的人	寫人法→起興法→懷念法
	記事	順敘：起因→經過→結果	一個感人的故事	段落示範

文體	題型	小祕訣	參考題目	開頭→段落→結尾
		插敘：起因→經過→片段→經過→結果	一場意外	段落示範
		補敘：起因→經過→（結果＋片段）	遺失記	段落示範
		倒敘：結果→起因→經過→結果	最喜歡的一堂課	段落示範
			一件有意義的事	對話法→插敘法→祝福法
	狀物	由外而內：外表→功能→意義	我最喜歡的東西	段落示範
		物與人事：物→人或事	我最喜歡的動物	段落示範
			我最喜歡的植物	設問法→特寫法→讚美法
	寫景	景景相連：主景→次景	天淨沙・秋思	段落示範

文體	題型	小祕訣	參考題目	開頭→段落→結尾
		動靜交織：靜—動—靜	鳥鳴澗	段落示範
		情景交融：景—情—景	黃鶴樓送孟浩然之廣陵	段落示範
			露營記	寫景法→故事法→餘韻法
		定點遠眺	賞花記	段落示範
		動點多角	野柳之旅	段落示範
	記遊	隨步推移	登華山步道	段落示範
		隨時推移	淡水的黃昏	段落示範
			○○遊記	比喻法→抑揚法→期勉法
	因人生情	互動生情	春風化雨	寫人法→回憶法→對話法
抒情文	敘事傳情	情隨事轉／記憶抒情	最難忘的滋味	情景法→故事法→勸勉法
	感時訴情	時節→事件→心情	鳳凰花開時	時間法→今昔法→期勉法
	詠物興情	狀物→寫人、記事	我最喜愛的物品	反起法→對話法→讚美法

文體	題型	小祕訣	參考題目	開頭→段落→結尾
	借景抒情	寫景→觸發→入情	一場大雨	陪襯法→通感法→設問法
	情理兼具	先情後理	一部電影的啟示	比喻法→故事法→啟示法
議論文	夾敘夾議	先敘後議	勤奮是理想的鑰匙	段落示範
		先議後敘	尊重多一點	段落示範
			談被誤解的經驗	冒題法→比喻法→勸勉法
	演繹歸納	演繹：先總後分	駁逆境可以成材	段落示範
		歸納：先分後總	改變不良的習慣	段落示範
			關於時尚	懸念法→正反法→總結法
	前因後果	有因就有果／沒有因就沒有果	助人為快樂之本	反起法→故事法→引用法
	對等並重	兩項並重：AB並重	關心自己，關心別人	破題法→正反法→呼應法
		兩項偏重：A重B輕	健康與財富	冒題法→引用法→呼告法
		三項式：ABC並重	真善美	比喻法→列舉法→總結法

文體	題型	小祕訣	參考題目	開頭→段落→結尾
應用文	對立相反	A對B錯（是非題）	是與非	解題法→對比法→感想法
	固定格式	書信：熟記稱謂	一封家書	題組模擬
		題辭：了解意義	慶賀題辭	題組模擬
		對聯：平仄對仗	對聯的用途	題組模擬
	選擇體裁	夾敘伴講：對方—自己—對方	給表妹的一封信	題組模擬
		追憶抒情：回憶＋關心＋晤談	給同學的一封信	題組模擬
		歸納演繹：分論→分論→結論	給弟弟的一封信	題組模擬
			給○○的信	設問法→回憶法→設問法
	創意發揮	創意書信：想像力	給○○的一封信	題組模擬
		廣告文案：有畫面	中國時報廣告文案欣賞	題組模擬

結語

創意大師賴聲川認為：「創意是可以『練』的！」他相信創意看似神祕，卻絕對是有方法可學的，他曾用很簡單的觀念來說明如何訓練創意：「創意就是出一個題目，然後解這個題目。」我們套用到作文中，意思就是：「創意就是找一個作文題目，然後寫好它就對了！」

作文，確實是訓練創意的好方法，而有了創意之後，文章也能寫得更精采。同學在閱讀本書後，不但能學到各種寫作技巧，在寫作測驗中大放異采，對於你的思考、創意、邏輯等各方面的能力，都具有絕佳的助益！

附錄一 狀聲詞資料庫——摹聲法的用字

1. 擬聲字

人聲	哎、呸、呢、呵、呲（ㄘ）、咯、咭（ㄐㄧ）、咦、哇、哩、哦、哼、唉、唔、啵、啦、啐（ㄘㄨㄟˊ）、啊、唷（ㄧㄛ）、喲、喂、嗎、嗨、嗚、嘛、噓、噗、嘿、嘟、嘩、嘻、噯（ㄞˇ）、噢、嚕、嚶、囉、叱（ㄔˊ）、吁、嘖、咂（ㄗㄚ）、咳（ㄎㄜˋ）、齁（ㄏㄡ）
動物聲	吱、吽（ㄏㄨㄥ）、汪、哞（ㄇㄡˋ）、呀、咕、呦（ㄧㄡ）、咿、咩（ㄇㄧㄝ）、喵、咪、喳、嗡、喔、嘎（ㄍㄚ）、嘓（ㄍㄨㄛ）、嘰、嘶、呱（ㄍㄨ）
物聲	叮、叭、嗶、噹、叩、咚、呼、咻、唰、啪、嗤、嘈（ㄘㄠˋ）、沖、碰、嘩、乒、乓、錚（ㄓㄥ）、鏘（ㄑㄧㄤ）

2. 動物界的聲音

鳥類	吱喳、吱吱、吱吱喳喳、啾啾、啁啾、咕咕、嘎嘎、啞啞、撲剌剌、拍拍、磔磔
雞	咕咕、咯咯、喔喔、啄啄
鴨	呱呱、刮刮
狗	汪汪、汪、咆嗚、嗚嗚、嘿嘿、哼哼

貓	咪咪、喵喵、喵嗚、呼嚕呼嚕
老鼠	吱吱、嘰嘰
牛	哞哞
羊	咩咩
馬	嘶、蕭蕭、達達
蛇	嘶嘶
蜜蜂	嗡嗡
青蛙	呱呱、嘓嘓（ㄍㄨㄛ）
蟬	唧唧（ㄐㄧˋ）
鹿	呦呦（ㄧㄡ）
紡織娘	織織織織呀
3. 自然界的聲音	
雨聲	滴答、答答、滴滴答答、淅瀝瀝、淅瀝淅瀝、叮叮咚咚

水聲	滴答、滴答滴答、嘩啦、嘩嘩、嘩啦嘩啦、淙淙（ㄘㄨㄥˋ）、啪啪、潑剌、潺潺（ㄔㄢˋ）、撲通
風聲	呼呼、咻咻、噓噓、嗚嗚、颯颯（ㄙㄚˊ）、颼颼（ㄙㄡ）、烈烈、瑟瑟（ㄙㄜˊ）、撲簌簌（ㄙㄨˊ）
雷聲	轟轟、隆隆、轟隆隆、乒乒砰砰
火聲	剝剝、嗶剝
蘆葦搖動	窸窣（ㄒㄧ　ㄙㄨˊ）
4.人與事物的聲音	
打噴嚏	哈啾
打鼾	呼嚕呼嚕
心跳	咚咚、突突、撲通撲通
耳鳴	嗡嗡
肚子餓	咕咕、咕嚕
笑聲	呵呵、哈哈、哇哈哈、嘻嘻、嘿嘿、吃吃、格格、咯咯

驚呼聲	唉喲、哎呀、啊
嬰兒哭	哇哇
喘氣	吁吁
拍手	啪啪
鞭炮	砰砰、劈劈啪啪、劈哩啪啦、砰砰啪啪
喇叭	叭叭
敲門	叩叩叩
電鈴	鈴鈴、叮咚、叮鈴、叮咚叮咚、嗶
皮鞋敲地	叩叩
照相	卡擦、卡噠
鋼琴	叮叮咚咚
機車	轟轟
鬧鐘	鈴鈴鈴鈴
吹笛子	嗚嗚

救護車	嗚伊嗚伊
敲鑼	鐺鐺、鏜（ㄊㄤ）、鏘鏘
吹口哨	噓噓
炒菜	刷刷、擦擦、沙沙
吃餅乾	喀啦
開電燈開關	喀
煞車聲	軋吱
琴聲	琤琤（ㄔㄥ）
火車聲	戚戚卡卡
機關槍	噠噠噠
磨刀聲	霍霍
說話吵雜	嘰哩呱啦、嘰哩咕嚕、嘰嘰喳喳
低聲說話	喃喃
推門聲	咿呀、骨剌剌

讚嘆聲	嘖嘖
杯子掉落	匡噹
機器發動	軋軋（ㄧㄚˊ）
物品互擊	吧嗒
東西散落	嘩喇喇
鼓聲	鼕鼕（ㄉㄨㄥ）
旗幟飄揚	忽喇喇

附錄二 作文技巧完全攻略

1	原因法	從事情的原因順序寫起，在文章開始，就把寫作的動機、目的，或事情發生的原因交代清楚。
2	反起法	先從主題的反面寫起，再拉回正面寫到主題。用反面襯托主題，會形成強烈的對照，使主題更加鮮明。
3	時間法	從事情發生的時間寫起，包括年、月、日或早、午、晚。從時間起點開始寫，拉開文章的序幕，可讓讀者容易進入情境。
4	寫人法	從人物的對話、動作、個性、情感、思想等開始寫起，描述日常生活熟悉的言行，寫起來令人格外親切。
5	倒敘法	從事情的結果寫起，用倒敘寫法。先將事情的結果說出來，然後才敘述事情的經過，可勾起人繼續閱讀的欲望。
6	回憶法	以回憶的方式，追述過去的事情或抒發情感，帶人走入時光隧道，重現當時的情境。
7	空間法	先說明事情發生的地點、位置、空間和地理環境等，然後再描述風景或記敘事情，讓讀者有身歷其境之感。

8	設問法	設定問句，接著回答來引出主題，又分為只問不答的「反問法」，和自問自答的「問答法」。
9	虛實法	把時間的過去、現在與未來，交雜於文章之中，製造虛幻迷離的感覺。
10	摹聲法	用狀聲詞或擬聲字，模仿人物或周遭環境的聲音，能夠製造驚奇，給人出奇不意的感覺。
11	陪襯法	先列舉一些和主題相似的事物或經驗，最後再點出主題，使主題更加突出。
12	解題法	題目如果屬於含意較深的抽象語句，就先將題目的意義簡單解釋，讓讀者在開頭就能先了解主題。
13	破題法	先解釋題目，又稱「開門見山法」，開頭就把題旨點明，直接揭示主旨，可為後面的正、反論述鋪路。
14	冒題法	使用一段和主題相關的文字，內容可以是小故事或生活經驗，然後帶出文章的主題，以引發題旨，又稱「埋兵伏將法」。
15	比喻法	用事物作比喻來解釋題意或主張，讓抽象的題目更加具體。
16	懸念法	先描述一些看似無關的事物，再層層帶出文章的主題，吊人胃口之後，再將作者要談論的內容揭示出來。

17	懸疑法	從事件的懸疑處寫起，刻意先隱瞞線索，營造神祕的氣氛，勾起讀者的好奇心，再逐步的揭示真相。
18	聯想法	透過和主題有關的人、事、景、物，展開豐富的聯想，如睹物思情、有感而發，逐漸帶出主題，與自身的情感相結合。
19	特寫法	針對主題的人、事、景、物的特點，詳細的加以刻畫或描寫，給讀者深刻的印象。
20	寫景法	配合作文主旨，純粹寫景，按照景物的型態、顏色、聲音和空間次序，具體的描寫。
21	抑揚法	要讚美主要事物之前，先貶抑次要事物，抑和揚可以反覆交替運用。
22	列舉法	寫出幾樣所要敘述的事物，而這些事物應有些關聯，切合主題，但是順序可以任憑作者的想法來更動。
23	對比法	讓兩個不同或對立的事物，能夠得到比較，例如黑與白、強與弱，從比較中突顯各自的特點。
24	故事法	在文章的開頭或段落使用，又稱實例故事法。在敘述事件時採用故事或實例，以「說故事」的方式來表達。

25	心情法	描述心情和情感的轉折、變動，精采之處就在於情緒的忽然揚起或急轉直下，能夠牽引讀者的情緒。
26	通感法	同時運用各種感官描寫外界事物，將視、聽、味、嗅、觸等知覺聯繫起來，最後歸於「心覺」，求得內心的體會。
27	遠近法	宛如攝影機一般，將空間中的遠、近變化描寫出來，可由遠及近或由近及遠，使文章具有動感和突出的美感。
28	水平法	是「水平式思考」，以題目為中心，四面八方的向外思考，以聯想更多相關的事物。
29	垂直法	是「垂直式思考」，從現有的理論、知識或經驗出發，從上到下、垂直深入分析的思考方式，重視思考的延伸。
30	正反法	將相反的兩種觀念並列，造成強烈的對比。藉由反面來襯托出正面的意思，以增強主旨的說服力。
31	批駁法	常用來挑戰存在已久的價值觀，在文章段落從另外的角度，找出這些已知觀念的錯誤，並建立出更有說服力的新觀念。
32	起興法	先敘述眼前所見的景物，然後引渡到要說的事物來，通常是觸景生情、因物起興，由物來動情。

33	今昔法	運用時間的過去與現在來組織篇章，形成「由昔而今」的順敘、「由今而昔」的倒敘、「今昔今」及「今昔今昔」等敘述形式。
34	插敘法	在敘述主要事件時，突然把一件相關的事情插進來講，然後再將主要事件的結果說出來。
35	情景法	「情」是抽象的情感，「景」是具體的景物，情景法就是運用具體景物來襯托抽象情感，使得景中含情的寫法。
36	感想法	在文章敘述完後，寫出心情感受或想法、看法，是作文結尾最常使用的方式。
37	懷念法	藉著對主題的人、事、景、物的回憶，抒發想念的心情，能使結尾產生餘韻不絕的效果。
38	呼應法	就是前後呼應法。在文章結束時，讓結尾的文意與開頭相呼應，可以使作文的頭尾意義連貫。
39	讚美法	針對文章主要的人、事、景、物，根據事實加以讚美或歌頌。
40	期勉法	以期望或勉勵自己和他人的話語，結束文章，也可以在這裡對他人提出建議。

41	引用法	引用相關的成語、格言、詩詞，或引用古今中外的史實與事例，來強調或證明自己的論點。
42	餘韻法	在文章結尾、場面最精采時打住，留下耐人尋味的餘韻，供讀者咀嚼深刻的含意。
43	呼告法	呼喚對方，以引起對方注意，再告訴他要說的事情；或用驚歎的語氣來敘述，以表達更強烈的情感。
44	結局法	把事件或故事的結局交代清楚，給予文章完整性。
45	啓示法	從對事件和經歷的敘述，歸結所得到的啓示和教訓，來加強文章所表達的中心思想。
46	總結法	將文章所分析出來的看法，總結成為結論，以點出題旨，說明作者的主張。
47	假設法	句子使用假設的語氣「假如」、「如果」開頭。
48	勸勉法	在文章結尾出現勸勉法，最具有勸化與鼓舞、激勵人心的作用。
49	祝福法	在文章結尾祝福別人或自己，達到預期目標。
50	對話法	在文章開頭或結尾，利用人物的對話來突顯主題，將題目的主旨突顯出來，製造活潑生動的效果。

附錄三　會考作文應考祕訣

告別了實施數年的基測，國中教育會考在民國一〇三年登場了。為了使同學們順利銜接，國立臺灣師範大學心測中心自一〇二年開始試辦會考，公布測驗結果，其中寫作測驗更是同學們關心的重點。

試辦會考寫作測驗的題目，與基測的方向沒有明顯差別，都是圍繞著同學日常生活的話題而來。倘若將這些題目加以分析，就可以發現不外乎是三個話題：

我是誰？ → 我是怎樣看世界？ → 我肯定自己？

1. 「我是誰？」——請你說說自己的性格、內省、心靈的探索與價值觀。
2. 「我是怎樣看世界？」——你對外界的認識和評價，以及你看待人、事、物的角度是怎樣的。
3. 「我肯定自己？」——你對自我的評價，了解你究竟培養出什麼能力，獲得了什麼成長。

一、我是誰？

題目：從那件事中，我發現了不一樣的自己

說明：也許你總是無法在籃球場上與人搶快爭球，嘗試練投三分球後，才發現自己可以成為一名稱職的射手；也許你一直以為自己內向害羞，擔任義工之後，卻發現自己也可以大方地付出愛與關懷；也許你曾為嗓門太大感到困擾，卻在園遊會叫賣時，發現自己聲音的特點也可以發揮作用……。你，曾從哪件事中發現了不一樣的自己？又給了自己什麼樣的新評價？請以「從那件事中，我發現了不一樣的自己」為題，寫下你的經驗、感受或想法。

（試辦會考試題）

詩佳老師說作文

1.**審題**：題目關鍵在「那件事」與「不一樣的自己」。先找到事情可以被肯定、有意義之處，敘述經過，點出能改變自己的轉折點，用抒情描述感受，最後評價改變後的自己。

2. **謀篇**：開頭說自己熱愛剪髮，努力追求技術的突破，本來沒有想行善，後來到安老院為老人剪髮，人生觀從此有了改變。中間敘述為老人剪髮的經過，就像寫故事，加入戲劇化的元素，說自己為老人服務與互動的過程中，深受老人啟發，了解自己「太過重視技術表現，而忽略了行善過程的快樂及滿足感」，反省自己的價值觀。結尾點出「不一樣的自己」，肯定這次的行善之舉，也感謝老人，他們的人生經驗散發出可敬的智慧，讓自己的思想從技藝的追求提升到心靈的境界。

又如題目「獨處時」，連結到「萬物靜觀皆自得」、「處處留心皆是美」，可運用感官摹寫，細膩地觀察身處的環境，如「外頭的光線靜靜地從窗簾縫中透過來，絲絲的陽光帶來了點早晨乾淨的空氣」。

題目「我欣賞的生活態度」，可先點出佳句，如「活在現在，著重當下」，再舉出別人相反的事例，檢討不這麼做的後果，以對應自己能夠活在當下所獲得的幸福感。而題目「讓自己變得更好」，則是檢討自己，可從態度（如自大）、習慣（如整潔）或行為切入，最重要的是點出讓你改變的契機，讓過程戲劇化一點，文章會更有可看性。類似的題型可參考本書範文。

「我是誰？」相關議題參考範文

參考書	作文範文
掌握會考作文六級分寫作祕訣——模擬會考作文題型快速攻略	一件有意義的事、一件後悔的事、人生，就是堅持到底、正確的決定、我最喜歡的東西
會考作文拿高分，看這本就對了！	影響我最深的人、最緊張的時刻、自信與自大、感謝那一次跌倒、一件事的啓示

二、我是怎樣看世界？

題目：我看追星族

說明：在各個領域中，都有一些發光發熱的明星令人著迷，或者是技藝出色的運動員，或者是文字動人的作家，也或者是唱作俱佳的藝人……，他們不只是追星族的目光焦點與追逐目標，更左右了許多「粉絲」（fans）的情緒起伏。你是否也是追星一族？你如何看待種種追星的現象呢？請根據經驗或觀察，寫下你的感受與想法。（試辦會考試題）

詩佳老師說作文

1. **審題**：題目關鍵是「追星族」，不限定偶像明星，作家、藝術家等在各領域有出色表現的人物。當然，偶像也可以是已逝世的（歷史）人物，不過最好避免虛構的小說主角。把握住自己受偶像影響產生的情緒起伏、思想上的獲益等細節，針對社會現象提出觀察評論，都是得分的重點。

2. **謀篇**：開頭點出「偶像」的身分、成就和背景，略述自己對偶像的欣賞程度。中間藉著印象最深刻的事情，書寫偶像的言行、討論作品，但描寫的語言和行為，最好符合「偶像」的條件：具啟發性、令人崇敬和激賞。如引述貝多芬知道罹患耳疾時說的話：「我決心掃除一切障礙，我相信命運不會拋棄我，我要扼住命運的咽喉。」當他確定耳聾，他說：「我要向我的命運挑戰！」一邊引述，一邊寫自己從偶像身上看到的人格特質，影響你的人生觀。最後評論「追星」的現象，點出一般人僅欣賞偶像的外表、作品，以能親近偶像本人為樂；但你欣賞的是人格品質、心靈與作品的深度，對你來說，那才是真正有影響力的東西。

又如題目「我喜歡的裝扮」，讓你從外在的穿著，反映內在的性格、審美觀、身分等抽象的東西。要將穿著打扮具體地描述一番，說明服飾和配件對你的意義，及自己從中獲得的自信、旁人的目光等等。題目「一股撼動人心的力量」，寫作對象不限人事物。能夠撼動人心，是因為它們擁有常人難以企及的品質，比如無畏的精神、壯麗之美、自我犧牲、成就他人等，最後仍要點出帶給自己的影響。

題目「我承認我錯了」問你怎麼看待自己的錯誤，如何覺醒？是藉著外界刺激（如旁人提醒）而即時悔改？還是見到別人的痛苦而喚醒良知？不論刺激的來源是什麼，重點是要誠實地面對自己。類似的題型可參考本書範文。

「我是怎樣看世界？」相關議題參考範文

參考書	作文範文
掌握會考作文六級分寫作祕訣——模擬會考作文題型快速攻略	我心中的偶像、關於時尚、真善美
會考作文拿高分，看這本就對了！	校園最美的角落、一條街道、地球只有一個、從一位街頭人物談起

三、我肯定自己？

民國一〇三年國中教育會考寫作測驗的題目，正符合第三種「我肯定我自己」的題型，希望同學藉著寫作，能更加認識自己：

題目：面對未來，我應該具備的能力

說明：即將畢業的你，將邁入人生新的階段，遇到不同的挑戰。面對未來，你認為自己最應該具備的能力是什麼？也許是培養專業技術、發展多元思考；又或者是學習包容與體諒，積極與他人溝通……。這個能力可能是你此刻缺乏，也可能應該提前準備，以因應瞬息萬變的社會。

請寫出你面對未來時，應該具備的能力，並說明其中的理由。（103年會考寫作測驗題目）

詩佳老師說作文

1.審題：首先根據說明，鎖定寫作的範圍。面對未來所應該培養的能力，對外可包含知識性的、可在社會上應用的專業技術；對內則與品德修養相關，比如包容、體諒、人際溝通等等。寫作時最好「內、外兼顧」。

2.謀篇：開頭先點出自己想「培養」出來的能力是什麼？這個能力可以是你最擅長的，也可以是目前缺少的，但想要開始積極培養。中間段落，可為你打算培養出來的能力訂出計畫，說明實行的方法。在說明同時，強調實踐時可能遇到的困難，並加上你對「只有堅強的實力，才能成為我的後盾」的深刻思考，因此再辛苦也值得。結尾說你從努力培養能力的過程中，鍛鍊出「意志力」、「忍耐力」與「體諒的心」等等，並跳脫題目的框架，提高文章高度，指出「不論是專業技術或品德修養，都是我不能錯過的能力。」

題目：我對班級的付出

說明：一個班級要成功地運作，少不了所有同學的努力：有些人力求佳績，為班上爭取榮譽；有些人勞心勞力，為班級策劃事務；也有些人總是適時支援，全力配合班級活動……。你曾如何為班級付出？請就你對班級的付出，表達你的感受或想法。（試辦會考試題）

詩佳老師說作文

1. **審題**：為班級「付出」什麼？是寫作前要思考的。有的人有天份，能勝任比賽、活動策劃等事務，自然在寫作時能提出為班級爭取榮譽、辦活動、策劃事務的具體事實加以描述；如果同學在班上沒有特別表現，遇到這類題目就較難發揮。建議從「平凡的我」、「小螺絲釘的作用」來自我定位。

2. **謀篇**：開頭說自己在班上如同一株平凡的小草，容易被人忽略，也沒有出色的表現，一直到領悟「小兵立大功」的道理。中間敘述自己細心地注意班上的環境和同學們的需要，將教室當做自己的家一樣愛護，也將同學們當做朋友，默默關心，願意支持他們，並舉出具體事例。結尾說自己在「付出愛」的同時，也得到同學們的愛與支持，指出：「我雖然平凡，但能夠為班級付出最好的東西，就是愛的力量。」

又如題目「我嘗試這樣解決問題」，是想了解你解決問題的能力，及遇到困難時的抗壓力。挫折在所難免，如果在心情跌宕後能智慧地尋找方法，願意「嘗試」努力去做，不但能得到自己的肯定，生命也將有轉變的機會。題目「我有勇氣拒絕……」，是想知道你如何在面對誘惑、威脅、無法承擔的事情時說「不」。有時我們拒絕是因為良知，有時因為公理正義，有時則是因為責任感，不能承擔超出自己能力之外的責任。軟弱與勇敢是最好的對照。

「我肯定自己？」相關議題參考範文

參考書	作文範文
掌握會考作文六級分寫作祕訣——模擬會考作文題型快速攻略	談被誤解的經驗、我最喜歡的植物、不要小看自己、改變不良的習慣、鳳凰花開時
會考作文拿高分，看這本就對了！	愛的世界、讓關心萌芽、讀書的樂趣

結語

所有的考試題目希望我們談的都是同一件事，那就是「我自己」，只不過問問題的方式和側重點不太一樣，本書有許多範文題材供同學們參考。只要平日對自己生活的大小事多加關注，多思考，並且透過各種方式去認識自己，關心他人，考試時就不愁沒有題材可寫了。

附錄四　會考作文評分標準一覽表

級分	評分規準	
六級分	六級分的文章是優秀的，這種文章明顯具有下列特徵：	
	立意取材	能依據題目及主旨選取適切材料，並能進一步闡述說明，以凸顯文章的主旨。
	結構組織	文章結構完整，脈絡分明，內容前後連貫。
	遣詞造句	能精確使用語詞，並有效運用各種句型使文句流暢。
	錯別字、格式與標點符號	幾乎沒有錯別字，及格式、標點符號運用上的錯誤。
五級分	五級分的文章在一般水準之上，這種文章明顯具有下列特徵：	
	立意取材	能依據題目及主旨選取適當材料，並能闡述說明主旨。
	結構組織	文章結構完整，但偶有轉折不流暢之處。
	遣詞造句	能正確使用語詞，並運用各種句型使文句通順。
	錯別字、格式與標點符號	少有錯別字，及格式、標點符號運用上的錯誤，但並不影響文意的表達。
四級分	四級分的文章已達一般水準，這種文章明顯具有下列特徵：	
	立意取材	能依據題目及主旨選取材料，尚能闡述說明主旨。
	結構組織	文章結構大致完整，但偶有不連貫、轉折不清之處。
	遣詞造句	能正確使用語詞，文意表達尚稱清楚，但有時會出現冗詞贅句；句型較無變化。
	錯別字、格式與標點符號	有一些錯別字，及格式、標點符號運用上的錯誤，但不至於造成理解上太大的困難。

三級分	三級分的文章在表達上是不充分的，這種文章明顯具有下列特徵：	
	立意取材	嘗試依據題目及主旨選取材料，但選取的材料不甚適當或發展不夠充分。
	結構組織	文章結構鬆散；或前後不連貫。
	遣詞造句	用字遣詞不太恰當，或出現錯誤；或冗詞贅句過多。
	錯別字、格式與標點符號	有一些錯別字，及格式、標點符號運用上的錯誤，以致造成理解上的困難。
二級分	二級分的文章在表達上呈現嚴重的問題，這種文章明顯具有下列特徵：	
	立意取材	雖嘗試依據題目及主旨選取材料，但所選取的材料不足，發展有限。
	結構組織	文章結構不完整；或僅有單一段落，但可區分出結構。
	遣詞造句	遣詞造句常有錯誤。
	錯別字、格式與標點符號	不太能掌握格式，不太會使用標點符號，錯別字頗多。
一級分	一級分的文章在表達上呈現極嚴重的問題，這種文章明顯具有下列特徵：	
	立意取材	僅解釋題目或說明；或雖提及文章主題，但材料過於簡略或無法選取相關材料加以發展。
	結構組織	沒有明顯的文章結構；或僅有單一段落，且不能辨認出結構。
	遣詞造句	用字遣詞極不恰當，頗多錯誤；或文句支離破碎，難以理解。
	錯別字、格式與標點符號	不能掌握格式，不會運用標點符號，錯別字極多。

國家圖書館出版品預行編目資料

掌握會考作文六級分寫作祕訣／高詩佳著. ——五版. ——臺北市：五南圖書出版股份有限公司, 2025.06
面； 公分
ISBN 978-626-423-451-1（平裝）

1.漢語教學 2.作文 3.寫作法 4.基本學力測驗

524.313 114006389

ZX56

掌握會考作文六級分寫作祕訣

作　　者 — 高詩佳(193.2)
編輯主編 — 黃惠娟
責任編輯 — 魯曉玟
封面設計 — 黃聖文、張明真
出 版 者 — 五南圖書出版股份有限公司
發 行 人 — 楊榮川
總 經 理 — 楊士清
總 編 輯 — 楊秀麗
地　　址：106臺北市大安區和平東路二段339號4樓
電　　話：(02)2705-5066　傳　　真：(02)2706-6100
網　　址：https://www.wunan.com.tw
電子郵件：wunan@wunan.com.tw
劃撥帳號：01068953
戶　　名：五南圖書出版股份有限公司

法律顧問　林勝安律師

出版日期　2009年4月初版一刷
2013年2月二版一刷
2014年5月三版一刷（共七刷）
2023年6月四版一刷（共四刷）
2025年6月五版一刷

定　　價　新臺幣400元